기초영어

Basic English

Edited by Ahn Nam-yong

YOUNG MIN PUBLISH
도서출판 영민

머리말

Rome was not built in a day.
첫술에 배부르지 않다, 로마는 하루아침에 이루어지지 않았다.

대한민국에서 태어나 한국어를 모국어로 사용하는 우리는 영어라는 언어를 결코 깊이 이해할 수 없다. 특히 영어는 우리나라 말과는 다르게 어순, 문장을 만드는 방식, 단어를 파생하는 형식이 다르기에 무엇을 먼저 말하고, 무엇을 나중에 말하는지에 따라 문장구조가 달라지고, 그 달라진 문장구조로 인해 그 의미가 완전히 달라지기도 한다. 따라서 영어는 모국어가 아닌 우리에게 정말 난해한 언어가 아닐 수 없다. 이 난해함을 극복하기 위해 영문법은 어디까지나 영어학습의 출발점이다. 영문법을 모르면 해석, 작문을 할 수 없으며, 그리고 특히 오늘날 세계화 속에서 사는 우리는 의사소통을 하고자 할 때 간단한 문장은 단어 나열로 외국인이 이해할 수 있으나 복잡한 문장을 말로 표현할 때 문법을 배제할 수 없다. 즉 Broken English 혹은 Konglish란 있을 수 없다.

필자는 그동안 대학에서 영어와 관련된 과목들을 강의해 오면서 "강의용 교재로 정말로 학생들에게 필요한 영문법이 없을까?"하고 내심 고민을 여러 번 하면서 영문법 교재를 조심스럽게 만들게 되었다. 영어를 정복하는 왕도는 없다(There is no royal road to learning English.) 그러나, 영어를 정복하도록 도와주는 여러 가지 방법 가운데 가장 좋은 길잡이로서의 왕도는 있을 수 있다.

본 교재의 구성은 총 12개의 Unit으로 구성되어 첫째, 먼저 학생들이 꼭 알아야 할 문법과 어법, 둘째, 학생들이 영어 발음과 관련해 겪는 문제점들을 구체적으로 지적하여 그 발음을 터득하기 위해 어떤 점에 유의해야 하는지를 보여주고, 셋째, 그 소리를 익히기 위해 Pops English를 통해 연습하고, 넷째, 문법 내용을 이해하였는가를 알아보기 위해 연습문제를 실었다. 또한 심화학습 1은 우리말 속담을 영어로 어떻게 표현하는가를 알아보았고, 실제로 미국인들이 매일 매일 쓰는 회화표현과 상황에 따라 줄줄 나와야 할 표현을 다루었고, 심화학습 2는 TOEIC 시험을 대비하기 위해 실전유형 문제를 실었다.

위에서 제시한 "Rome was not a built in a day."를 생각해보면 모든 일이 그러하듯이 인내와 노력이 필요하다.

마지막으로 이 책이 나올 수 있도록 많은 수고를 해주신 도서출판 영민과 관계자분들에게 감사 인사를 전합니다.

2021년 7월
비봉산 기슭 연구실에서
저자 안 남 용

차 례

Unit 01

영어 문장
(English Sentence)

기초영어 I Basic English

01 문장이란?

단어들이 일정한 순서로 모여 '의미'를 전달하는 것
문장의 핵심은 '주어(누가/무엇이)'와 '동사(-(을/를) 하다/이다)'이다.

I study basic English. → 누가? 내가 / 무엇을 하는가? 공부한다, 기초영어를.

- 문장의 첫 글자 - 항상 대문자
- 문장을 마칠 때 - 문장의 종류에 따라 알맞은 문장 부호(. / ? / !)

I see trees of green, red roses too.
How do you do?
What a wonderful world**!**

02 구와 절(Phrase & Clause)

나는 **매일 저녁** 조깅을 한다.
나는 조깅할 때 음악을 듣는다.

'매일 저녁' 또는 '나는 조깅할 때'처럼 두 개 이상의 단어가 모여 하나의 의미를 나타내는 말 덩어리를 **구** 또는 **절**이라고 한다.

구와 절	공통점	차이점
구(phrase)	2개 이상의 단어로 구성	주어와 동사가 없음 I jog **every evening**.
절(clause)		주어와 동사가 있음 I listen to music **when I jog**.

구와 절의 종류

명사	구	**To learn English** is important. 영어를 배우는 것은 중요하다. **Learning English** is important. 영어를 배우는 것이 중요하다.
	절	I'm sure **that he will come.** 그가 올 것이라고 확신한다. **What I need** is love. 내가 필요한 것은 사랑이다.
형용사	구	The dog is sleeping **on the floor.** 개가 바닥에서 자고 있다.
	절	I know that man **who is singing.** 나는 노래하는 그 남자를 안다. I know a shop **where you can get a discount.** 할인받을 수 있는 가게를 알고 있다.
부사	구	I am glad **to meet you.** 만나서 반갑습니다.
	절	I should do my homework **before I go out.** 외출하기 전에 숙제를 해야한다.

03 문장성분의 요소

철수가 영희를 사랑한다.

'철수가 영희를 사랑한다'라는 문장이 '철수', '영희', '사랑하다'와 같은 여러 개의 성분으로 구성된 것처럼, 영어 문장도 다양한 문장성분으로 구성 된다.

문장성분에는 무엇이 있나?

영어 문장을 이루는 성분들은 8가지가 있다. 즉, 명사, 대명사, 동사, 형용사, 부사, 전치사, 접속사, 감탄사이다. 그러나, 중요한 것은 6개의 품사를 알면 충분하고, 그 6개의 품사를 다시 2개씩 묶어 3가지 요소로 나누면 아래와 같다.

필수요소: 명사(Nouns), 동사(Verbs)
수식요소: 형용사(Adjectives), 부사(Adverbs)
연결요소: 전치사(Prepositions), 접속사(Conjunctions)

3.1. 필수요소

위에서 말했듯이 필수요소는 명사와 동사인데, 명사와 동사만 가지고도 문장이 만들어진다. 아래 예문을 보자.

Merry sings well. Merry는 노래를 잘 부른다.

Merry is **a student**. Merry는 학생이다.

Merry made **a car**. Merry는 차 한 대를 만들었다.

Merry gave me **a book**. Merry가 나에게 책 한 권을 주었다.

Merry made me **a doctor**. Merry가 나를 의사로 만들었다.

위의 문장에서 볼 수 있듯이, Merry, student, car, book, doctor 등의 명사들이 주어나 목적어, 보어가 되며 주어 다음에는 동사가 있어서, 그 주어가 목적어를 어찌한다는 움직임을 나타내거나, 주어가 보어라는 설명을 해준다.

한마디로 정리하면?

1. 문장의 필수요소: 명사, 동사

2. 명사의 역할: 주, 목(먹), 보

3.2. 수식요소

크게 형용사와 부사, 두 가지 종류가 있다. 수식요소란, 꾸며주는 말로, 없어도 되지만 전하고자 하는 뜻을 좀 더 정확하고 강하게 해주는 기능이 있다. 자세히 말하자면, 형용사는 명사를 꾸며주고, 부사는 주로 동사를 꾸며주며, 가끔 형용사나 부사도 꾸며준다. 예를 들어,

Merry made **a car**.에 수식어를 넣으면? 아래와 같은 문장이 만들어진다.

→ Merry **very quickly** made a **highly efficient** car.
Merry는 아주 효율적인 차를 매우 빠르게 만들었다.

이 문장에서 형용사(efficient)는 바로 뒤의 명사를 수식하며, 부사(quickly)는 동사 made를 수식하며, very는 quickly를, highly는 바로 뒤 형용사(efficient)를 수식하여 문장을 보다 정확하고 강하게 만든다.

한마디로 정리하면?

1. 수식요소: 형용사, 부사

2. 수식요소의 역할: 형용사-명사 수식,
부사-동사, 형용사, 부사 수식

3. 수식요소를 빼면: 필수요소만 남는다!
필수요소를 빼면: 수식요소만 남는다.

3.3. 연결요소

연결요소로 대표적인 것은 접속사와 전치사다. 먼저, 접속사란 주어 + 동사와 주어 + 동사를 연결하는 말이다. 아래의 예문을 살펴보자.

Merry made an efficient car **because it needed to do so.**
Merry는 그럴 필요가 있었기 때문에 효율적인 차를 만들었다.

위 문장에서 because가 접속사로 앞뒤로 주어 + 동사와 주어 + 동사를 연결하는 기능으로 쓰이고 있다. 즉, 메리가 차를 만든 것이, 그럴 필요가 있었기 때문이라고 더욱 부연 설명하기 때문에, because로 인해 앞뒤가 연결된다.

또 하나의 연결요소는 전치사로, 전치사 뒤에 명사가 오는 것을 기본으로 알길 바라면서, 평소에 전치사는 어떻게 쓰이나 보자.

Merry **in the region** made an efficient car **with rapidity.**
그 지역에 있는(사는) Merry가 신속하게 효율적인 차를 만들었다.

이때, in이나 with가 전치사 아닌가? 만약, 그 두 단어가 없었다면, 어떨까? 일단, Merry가 주어인지, region이 주어인지 명확하지 않다. 왜냐하면, 명사가 동사보다 앞에 있으면 주어라 했는데, 둘 다 앞에 있으니까 말이다. 게다가, Merry란 명사와 region이란 명사가 두 번 와서 보기가 영 거북스럽다. 따라서 전치사가 들어가서, Merry는 사람인데 어떤 사람인지, 즉, 그 지역에 있는 사람이라고 연결하게 된다.

또한, 뒤의 with rapidity를 보면, with가 없으면, card와 rapidity가 명사가 두 번 와서 안 좋은데, with를 넣어서 with rapidity가 한 덩어리(전명구)가 되어 '신속하게'라고 해석되면서 made와 연결된다.

한마디로 정리하면?

1. 연결요소: 접속사와 전치사
2. 연결요소의 기능: 전치사- 명사와 명사를 연결하거나, 동사와 명사를 연결
접속사- 주어 + 동사와 주어 + 동사를 연결

04 발음 연습

[f] 소리를 연습해 보세요.

face/pace	fan/pan	fashion/passion	fair/pair	fast/past
feel/peel	fence/pence	faint/paint	fail/pail	fig/pig
file/pile	fine/pine	fork/pork	four/pour	fool/pool
leaf/leap	beef/beep	chief/cheap	wife/wipe	coffee/copy

Pam **followed after Frank.**
Pam은 Frank를 따랐다.

His office was **full of** policemen.
그의 사무실은 경찰들로 가득했다.

What's the **forecast for** the next **few** days?
앞으로 며칠 동안의 일기예보는 어떻습니까?

This procedures **effectively** prevents the **formation** of new ideas.
이 절차는 새로운 아이디어의 형성을 효과적으로 막는다.

They **failed** to **fulfill** their promises to revive the economy.
그들은 경제를 되살리겠다는 약속을 지키지 못했다.

This supplies food **for reflection** about the **future** of the nation.
이것은 국가의 미래를 생각할 수 있는 식량을 제공한다.

위의 소리를 다음 팝스 영어에서 확인하며 불러보세요.

05 팝스 영어

What a Wonderful World

Sung by Louis Armstrong

I see trees of green, red roses too.
I see them bloom **for** me and you.
And I think to **myself**
What a **wonderful** world.

I see skies of blue and clouds of white
The bright blessed day,
The dark scared night.
And I think to **myself**
What a **wonderful** world.

The colors of the rainbow so pretty in the sky
Are also on the **faces** of people going by.
I see **friends** shaking hands saying
"How do you do?"
They're really saying "I love you."

I hear babies crying, I watch them grow.
They'll learn much more than I'll never know.
And I think to **myself** what a **wonderful** world.
Yes, I think to **myself** what a **wonderful** world.

어휘

1. think to myself: 혼잣말 하다, 혼자 생각하다

   I ***thought to myself,*** maybe he's right.
   혼자 생각했죠, 아마 그 사람이 옳을지도 모른다고요.

2. blessed: 축복 받은, 복된

   미국 사람들은 옆 사람이 재채기 하면 "Bless you." 또는 "God Bless you."라고 말합니다.

3. go by: 사람 등이 지나가다; 시간이 경과하다; 기회 등을 '놓치다, 무시하다

   On summer days, I used to sit on my porch and watch people ***go by.***
   여름날이면 난 현관에 앉아 지나가는 사람들을 쳐다보곤 했습니다.

   Time ***goes by*** so fast. 시간이 너무 빨리 간다.

   You shouldn't let this opportunity ***go by.*** 이 기회를 놓치면 안 된다.

4. see vs. watch

   둘 다 '보다'란 의미지만 see는 보려고 보는 게 아니라 그냥 보인다는 의미가 강하고요. watch는 일부러 본다는 의미이다. hear와 listen도 마찬가지다. hear는 청력이 있으니까 그냥 들린다는 의미지만, listen은 일부러 마음 먹고 듣는 것이다.

가사 해석

푸른 나무들이 보이네요, 붉은 장미들도 보이네요.
그들이 나와 당신을 위해 피어나는 것이 보여요.
그리고 나는 혼자 생각하죠.
정말 아름다운 세상이라고.

파란 하늘과 흰 구름 들도 보이네요.
밝게 빛나는 축복받은 낮,
캄캄하고 신성한 밤.
그리고 나는 혼자 생각하죠.
정말 아름다운 세상이라고.

하늘에서 아름답게 빛나는 무지개의 색깔들이
지나가는 사람들의 얼굴에도 있지요.
악수하는 친구들이 보이네요
서로 "잘 지내?"라고 인사해요.
그들은 진심으로 "사랑해"라고 말하는 거죠..

아기들이 울음소리가 들리네요, 그들이 자라는 것을 지켜봐요.
그들은 내가 결코 알지 못할 훨씬 더 많은 것들을 배울 것입니다.
그리고 나는 혼자 생각하죠.
정말 아름다운 세상이라고.
그래요, 나는 혼자 생각하죠.
정말 아름다운 세상이라고.

연습문제

A. 다음 문장이 틀린 이유를 설명하세요.

01. i study hard

02. Are you a student

03. study hard.

04. do you speak english?

05. What a good idea

B. 밑줄 친 부분이 구 인지 절 인지 말하세요.

01. A nearby coffee shop is offering discounts on drinks.

02. Mr. Black does not know where Ms. White lives.

03. The bus to Daejeon has been delayed by 30 minutes.

04. The student applauded when the lecture was over.

05. If you order within this week, the delivery will be free.

C. 밑줄 친 부분의 문장성분을 말하세요.

01. Birds sing.

02. Time flies like an arrow!

03. She is a pretty girl.

04. He is very diligent.

05. The book is on the table.

06. I don't believe you because you are late again.

심화 학습 1

오늘의 속담

Spare the rod and spoil the child.

?The good child gets an extra lashing.
착한 아이는 매를 한 대 더 맞는다.

= He who spares his rod hates his son.
매를 아끼는 자는 아들을 미워한다.
매를 아끼는 부모는 아이를 사랑하지 않는 부모이다.

= The rod breaks no bones.
매가 뼈를 부러뜨리지 않는다.
매를 때린다고 해서 뼈가 부러지는 것은 아니다.

= Better children weep than old men.
나이 먹은 후에 울게 하기보다는 어릴 때 울게 하는 게 낫다.

Better you make your children cry with seasonable correction, than they make you cry by their after miscarriage.
아이들을 적당한 교정으로 울게 하는 것이 실패한 후의 일로 울게 하는 것보다 낫다.

Those boys are rude brats. I think it's their parents' fault as they give them everything they want. ***Spare the rod and spoil the child.***

brat: (버릇없는) 꼬마 녀석, 악동 — He's just a spoiled ***brat***!
그 녀석 정말 버릇없는 꼬마군!

fault: 과실, 잘못(=mistake) — It's my ***fault*** = The fault is mine.
그것은 내 탓이다.

spare: 절약하다, 수고를 아끼다 — He didn't ***spare*** himself.
그는 수고를 아끼지 않고 노력했다.

rod: 회초리

The dearer the child, the sharper must be the ***rod***.
아이가 귀여울수록 매는 날카로워야 한다.

spoil: 망쳐 놓다

Too many cooks ***spoil*** the broth.
요리사가 너무 많으면 스프(묽은 고깃국)를 망친다.
사공이 많으면 배가 산으로 올라간다.

직역

저 소년들은 무례한 녀석들이다. 나는 그들이 원하는 모든 것을 그들에게 주는 것은 그들의 부모들의 잘못이라고 생각한다. 매를 아끼면 아이 버릇을 그르친다.

의역

그 녀석들은 버릇이 하나도 없는 놈 들이야. 원하는 대로 들어주는 부모의 잘못인 것 같아. **매를 아끼면 아이를 버린다(고운 자식 매 한 대 더 때리는 법)**인데.

속담 의미

아이들 버릇을 잘 가르치기 위해서는 아이에게 당장 좋게만 해주는 것이 오히려 해롭다는 말이다.

매일 쓰는 회화표현

I'm home, mom [dad, sweetheart]. 엄마 [아빠, 여보], 집에 돌아왔어요.
= [Dady, honey] I'm home.

I love you, mom [dad]. 엄마 [아빠] 사랑해요.

May I speak to Mr. Kim? Mr. Kim 부탁합니다.
= Is Mr. Kim available?
I would like to speak to Mr. Kim.

Who's calling, please? 누구시죠?
= Who is this?
Who's speaking, please?
May I ask who's speaking?

You must have the wrong number. 전화 잘 못 거신 것 같습니다.
= I think you have the wrong number.

We got cut-off. 전화가 끊겼습니다.
= The phone cut off.
The phone disconnected.
The line was cut off.

Please call me at home [at work] tomorrow. 내일 집으로 [직장으로] 전화해 주십시오.

Just one second, please. 잠깐만요.
= One moment, please.
Hold on a minute.

I'll be right back. 바로 돌아오겠습니다.

I'll be right down. 바로 내려갈게요.

줄줄 나와야 할 표현

그는 옆집에 산다.

He lives next door.

그는 한 집 건너 산다.

He lives two doors away from us.

나는 이 집 단골이야.

I'm a regular here.

= I come here often.

I'm a regular [frequent] customer.

cf. This bar is my hangout. 이 술집이 단골 술집이야.

내가 늘 먹던 것으로 먹겠어.

= I'll have the usual, please.

I'll just have the usual.

사인 부탁해요. (☞유명 인사에게 사인을 부탁할 때)

May I have your autograph, please?

심화 학습 2

실전유형 문제

빈칸에 가장 알맞은 것을 고르시오.

01. With my girl friend, _____ went to an amusement park last weekend.
(A) I (B) my (C) me (D) mine

02. The bicycle that my father _____ for me is very nice.
(A) buy (B) bought (D) to buy (D) buying

03. I prefer to play _____ rather than with friends.
(A) for myself (B) by myself (C) for me (D) myself

04. The _____ luncheon meeting has been postponed.
(A) regular (B) regularly (C) regularity (D) regularize

05. All departments will be able to reduce costs _____.
(A) signify (B) to signify (C) significantly (D) significant

06. The festival will continue _____ the end of July.
(A) by (B) during (C) until (D) for

07. Payments can be made by _____ personal check or cash.
(A) both (B) either (C) neither (D) not only

Unit 02

문장구조
(Sentence Structure)

기초영어 I Basic English

01 주어(Subject)와 동사(Verb)

그녀가 춤춘다.

'그녀가 춤춘다'에서 '그녀'와 같이 동작의 주체를 나타내는 말을 **주어**, '춤추다'와 같이 주어의 동작이나 상태를 나타내는 말을 **동사**라고 한다.

1.1. 주어에 대한 이해

주어는 행동이나 상태의 주체가 되는 말로 '무엇이, 누가'가 해당한다. 우리말 '-은/-는/-이/-가'로 해석된다.

1.1.1. 반드시 주어는 하나가 있어야 한다.

Birds sing. 새들이 노래한다(지저귄다).

*You sunshine. You are my sunshine. 당신은 나의 태양이다.

1.1.2. 주어는 두 개가 될 수 없다.

Music itself is my life. 음악 그 자체가 나의 인생(삶)이다.

*Music it is my life.

1.1.3. 주어 자리에 올 수 있는 것들

주어 자리에 올 수 있는 것은 "명사나 대명사, 그리고 '-하는 것'으로 해석되는 긴말 덩어리(동명사, to-부정사, 명사절)"이다. 이를 명사류라 한다.

Ballad is my favorite music. 발라드는 내가 가장 좋아하는 음악이다. **(명사)**

They are my coworkers. 그들은 내 동료이다. **(대명사)**

Studying English is important. 영어 공부하는 것은 중요하다. **(동명사)**

To study English is important. 영어 공부하는 것이 중요하다. **(to-부정사)**

That I study English is important. 내가 영어를 공부하는 것이 중요하다. **(명사절)**

한마디로 정리하면? **주어는 아무나 하나?**
"명사, 대명사, 동명사, to-부정사, 명사절"만 가능하다. 이를 명사류라 한다.

1.1.4. 주어가 너무 길 때는?

that-절이나 to-부정사로 주어가 길어지면 주어 자리에 **가짜 주어 it**을 쓰고 진짜 주어는 맨 뒤로 보낼 수 있다.

That I study English is important.
→ **It** is important **that I study English**.

To stare at people is rude.
→ **It** is rude **to stare at the people**. 사람들을 빤히 보는 것은 무례한 것이다.

한마디로 정리하면? **주어가 너무 길 땐?**
to-부정사나 that SV가 주어일 땐, 아래와 같은 가주어, 진주어 구문으로!
It is 형용사 to-부정사 / that SV

1.1.5. 주어가 뒤에 있는 특수한 경우

주어가 동사보다 앞에 있어야 한다고 생각하지만, 아주 예외적으로 주어가 동사보다 뒤에 있기도 하다. there는 허사이고 아래 문장에는 '동사 + 주어' 밖에 없다.

There is **a book** on the table. 책상 위에 책 한 권이 있다.
There are **students** in the classroom. 교실에 학생들이 있다.

1.1.6. 주어가 없다?

주어가 없는 문장이 하나 있다. 명령문이다.

Study hard. 공부 열심히 하여라.
Don't turn on your mobile while studying. 공부하는 동안 휴대폰을 켜지 마십시오.

명령문은 항상 이야기를 듣고 있는 상대방(2인칭, you)이 하라고 하는 것이므로 you를 써도 되고 안 써도 되는데, 일반적으로 안 쓴다. 그게 명령문의 특성이다.

한마디로 정리하면?

*** 주어가 뒤에 가는 there is/are 주어 "~가 있다"**

*** 주어가 없어 보이는 명령문, "동사원형"으로 시작.**

1.2. 동사에 대한 이해

동사는 사람, 사물의 움직임이나 상태를 나타내는 것으로, 우리말 '-하다/-이다'에 해당한다. 문장에 진짜 동사는 하나뿐이며 동사 앞에 to가 붙거나 동사 뒤에 –ing가 붙은 형태는 문장의 동사가 될 수 없으며 명사나 형용사는 동사 자리에 올 수 없다.

They **create** new design. 그들은 새로운 디자인을 만듭니다.

John **will explain** the process. John이 과정을 설명할 것이다.

* The students **to commute** by train. **(to-부정사가 동사 자리에)**

→ The students **commute** by train.
학생들은 기차로 통근(통학)한다.

* She **completing** the course. **(동명사가 동사 자리에)**

→ She **is completing** the course.
그녀는 강의를 마치고 있다.

* We **agreement** to meet on March 3rd. **(명사가 동사 자리에)**

→ We **agree** to meet on March 3rd.
3월 3일에 만나기로 동의한다.

* The two companies **cooperative** on the project. **(형용사가 동사 자리에)**

→ The two companies **cooperate** on the project.
두 회사는 프로젝트에 대해 협력(협동)한다.

한마디로 정리하면?

동사는 주어와 더불어서 문장에 꼭 있어야만 하는 필수요소이므로 "반드시, 하나는" 있어야만 한다.

02 목적어(Object)와 보어(Complement)

나는 **<u>강아지를</u>** 좋아한다.
강아지가 **<u>어미가</u>** 되었다.

첫 번째 문장 '나는 강아지를 좋아한다'에서 '강아지를'은 내가 좋아하는 대상이다. 이처럼 동사 '좋아한다'의 대상이 되는 말을 **목적어**라고 한다. 두 번째 문장 '강아지가 어미가 되었다'에서 '어미'는 주어인 '강아지'를 보충 설명해 주고 있다. 이처럼 주어나 목적어를 보충해 주는 말을 **보어**라고 한다.

2.1. 목적어에 대한 이해

'나는 공을 찼다'에서 '공'처럼 누가 어떤 동작을 하면 그 동작을 받는 대상이 있다. 이런 대상을 목적어라고 하며 주로 동사 뒤에 오는 단어를 말한다. 우리말로는 주로 '-을/-를/-에게'라고 해석한다. 동사에 따라 목적어가 필요 없거나 목적어가 2개 필요한 경우도 있다.

2.1.1. 목적어가 오는 자리

목적어 자리에 올 수 있는 것은 "명사나 대명사, 그리고 '-하는 것'으로 해석되는 긴 말 덩어리(동명사, to-부정사, 명사절)"이다. 이는 주어가 될 수 있는 요소와 같다. 대부분의 동사 뒤에는 동작을 받는 대상인 목적어가 온다.

I bought **a book**. 나는 책을 샀다. **(명사)**
Merry loves **him**. Merry는 그를 사랑한다. **(대명사)**
I enjoy **listening to music**. 나는 음악을 듣는 것을 좋아한다. **(동명사)**
He wants **to see the movie**. 그는 영화를 보고 싶어한다. **(to-부정사)**
She asked **that we update our schedule**. **(명사절)**
그녀는 일정을 업데이트 해달라고 요청했다.

동사 뒤에 목적어가 필요없는 경우가 있는데, 예를 들어 '오르다, 상승하다'라는 뜻의 rise 같은 동사는 목적어를 가질 수 없다. 동사 뒤에는 주로 부사나 전치사구가 온다.

Prices are rising **sharply**. 가격이(물가가) 급등하고 있다.

목적어가 2개 필요한 경우는 대체로 '~에게 ...을'이라고 해석되는 give, offer 등이다.

My father gave **me a book**. 아버지께서 책 한 권을 주셨습니다.
The company offers **him paid leave**. 회사는 그에게 유급 휴가를 제공한다.

2.1.2. 목적어가 긴 경우

목적어가 길어질 경우, 문장이 다소 부담스러워지므로, 일단 목적어 자리에 가짜 목적어 it을 쓴 후, 진짜 목적어를 문장 뒤편으로 돌린다.

I found **it** difficult **to master English**. 영어를 마스터(정복)하기가 어렵다는 것을 알았다.

You have to make **it** clear **that you don't love her**.
그녀를 사랑하지 않는다는 것을 분명히 해야 한다.

한마디로 정리하면?

일반 주어 + 5형식 동사 + it(가목) + 형용사 + to do /that SV(진목)
think, make, find, consider, believe

2.2. 보어에 대한 이해

보어는 "보충하는 말"이란 뜻으로, 주어나 목적어의 성질 또는 상태 등을 보충 설명하는 역할을 한다.

2.2.1. 종류

품사에 따른 구분: 명사 보어, 형용사 보어
형식에 따른 구분: 주격 보어, 목적격 보어

여기서 명사 보어와 형용사 보어는 둘 다, 주격 보어도 되고 목적격 보어도 된다는 뜻이다. 둘 다 주격 보어일 때는 주어와의 관련을 맺는 문장이 되는 것이고, 목적격 보어로 쓰일 때는 목적어와 관련을 맺는 문장이 되는 것이다.

2.2.2. 명사 보어와 형용사 보어의 차이점

명사 보어는 명사(주어, 혹은 목적어)와 동격을 이루고, 형용사 보어는 명사(주어이든, 목적어이든)를 수식하는 것이다.

Her sister is **a photographer**. **[Her sister = a photographer]**
그녀의 여동생은 사진작가이다.

Merry thought him **a liar**. **[him = a liar]**
Merry는 그를 거짓말쟁이라고 생각했다.

She seems **excited**. 그녀는 흥분된 것 같다.

John made his wife **happy**. John은 아내를 행복하게 했다.

2.2.3. 보어가 오는 자리

보어가 필요한 이유는 주어나 목적어 때문이 아니라, 동사의 의미가 불완전하기 때문이다.

① 주격 보어 동사: be, become, remain
② 목적격 보어 동사: make, keep, find

I am **a student**. 저는 학생입니다. I am **happy**. 나는 행복하다.

I became **a doctor**. 나는 의사가 되었다.
They became **tired**. 그들은 피곤해졌다.
That remains **the question**. 그것은 질문으로 남아 있다.
The boy remained **silent**. 소년은 침묵을 지켰다.

My father made me **a doctor**. 아버지는 나를 의사로 만드셨다.
My friends call me **Vietnam**. 내 친구들은 나를 베트남이라고 부른다.
I found the book **easy**. 나는 그 책이 쉽다는 것을 알았다.
cf. I found the book **easily.** 나는 그 책을 쉽게 찾았다.

한마디로 정리하면?

1) 주어(명사류) + be/become/remain + 주격 보어(명사류, 형용사류)

2) 주어(명사류) + make, keep, find + 목적어(명사류) + 목적보어(명사류, 형용사류)

03 수식어(Modifier)

나는 **어제** 책상을 정리했다.

'나는 어제 책상을 정리했다'에서 '어제'는 '나는 책상을 정리했다'라는 문장에 의미를 더해주는 말로, '어제'가 없어도 문장이 된다. 이처럼 문장에 꼭 필요한 부분은 아니지만, 문장에 의미를 더해주는 말을 **수식어**라고 한다.

수식어에 대한 이해

수식어는 문장의 주요 요소인 주어, 동사, 목적어, 보어를 꾸며주는 말이다. 수식어에는 명사를 꾸며주는 형용사적 수식어와 동사나 형용사, 다른 부사, 문장 전체를 꾸며주는 부사적 수식어가 있다.

The man **in the garden** is my father. 정원에 있는 남자가 내 아버지다.

I have a **new** computer. 새 컴퓨터가 있다.

He runs **fast**. 그는 빨리 달린다.

The food on the table looks **very** delicious. 테이블 위의 음식은 매우 맛있어 보인다.

I know it well **enough**. 나는 그것을 충분히 알고 있다.

To my surprise, [John passed the national examination].
놀랍게도, [John은 국가시험에 합격했다].

한마디로 정리하면?

1) 수식어란? 필수어(명사, 동사, 형용사)를 수식하는 것

2) 수식어의 종류: 형용사(명사 수식), 부사(동사, 형용사, 부사, 문장 전체 수식)

04 발음 연습

[v] 소리를 연습해 보세요.

van/ban	very/bury	vote/boat	veil/bail	vest/best
vent/bent	cover/cobber	savor/saber	fiver/fiber	

This **van** is going **very** fast.
이 밴은 매우 빠르게 가고 있다.

They pushed forward for a better **view**.
그들은 더 나은 시야를 확보하기 위해 앞으로 나갔다.

We tried in **vain** to **discover** what orders would be **given**.
우리는 어떤 명령이 내려질지 알아내려고 했지만 헛수고였다.

He was a **veteran** of the **civil** rights **movement** in **Vermont**.
그는 Vermont에서 시민권 운동의 경험이 많은 사람(베테랑)이었다.

There were many **Viking villages** in **various** parts of England.
영국의 여러 지역에 많은 해적(바이킹) 마을이 있었다.

위의 소리를 다음 팝스 영어에서 확인하며 불러보세요.

05 팝스 영어

Isn't She Lovely

Sung by Stevie Wonder

Isn't she **lovely**?
Isn't she wonderful?
Isn't she precious?
Less than one minute old
I **never** thought through **love** we'd be
Making one as **lovely** as she.
But isn't she **lovely** made from **love**?

Isn't she pretty?
Truly the angel's best
Boy, I'm so happy.
We have been **heaven** blessed.
I can't **believe** what God has done.
Through us He's **given** life to one.
But isn't she **lovely** made from **love**?

Isn't she **lovely**?
Life and **love** are the same.
Life is Aisha,
The meaning of her name.
Londie, it could **have** not been done
Without you who **conceived** the one.
That's so **very lovely** made from **love**.

어휘

1. wonderful: 놀랄 만한, 경이로운; 굉장히 좋은, 멋진, 훌륭한, 아주 잘 된

   A: I got accepted to Harvard Business School! 하바드 경영대학원에 합격했어요.

   B: That's ***wonderful***! 참 잘 됐네요!"

2. precious: 귀중한, 값비싼, 소중한

   Life is more ***precious***. 인생은 그보다 더 귀중한 것입니다.

3. be made from vs. be made of vs. be made with

   The wine ***is made from*** grapes. 포도주는 포도로 만든 것이다.

   포도주는 포도로 만들었지만 원래 포도의 모습이나 특성은 사라지고 완전히 다른 물질인 술로 바뀌었으므로 그럴 때 made from을 쓴다.

   This chair ***is made of*** wood. 이 의자는 나무로 만들었다.

   be made of는 물건 전제가 어떤 재료로 만들어졌고, 그 재료의 특성이 살아있을 때 쓴다. 나무의 모양은 바뀌었지만 그 특성은 살아있다.

   This sandwich ***is made with*** beef. 이 샌드위치는 쇠고기로 만들었다.

   be made with는 어떤 것의 일부 만이 특정 재료로 만들어졌다는 걸 의미한다. 샌드위치 전체가 beef, 쇠고기로 된 것이 아니고, 샌드위치의 일부 재료가 쇠고기일 뿐이다.

4. boy: 이런, 아, 참

   Oh, ***boy***! This election is going to be exciting! 와, 이번 선거는 흥미진진하겠네요.

가사 해석

그녀가 사랑스럽지 않나요?
그녀가 멋지지 않나요?
그녀가 소중하지 않나요?
태어난 지 1분도 채 되지 않았어요
나는 사랑을 통해서 이처럼 아름다운 그녀를 가지게 될 것이라고는 생각하지 못했어요.
사랑으로 만들어진 이 아이가 사랑스럽지 않나요?

그녀가 예쁘지 않나요?
천사의 작품 중에서 최고예요.
아! 나는 정말 행복해요.
우리는 하늘의 축복을 받았어요.
나는 하나님께서 하신 일을 믿을 수 없어요.
우리를 통해서 한 생명을 주셨어요.
사랑으로 만들어진 이 아이가 사랑스럽지 않나요?

그녀가 사랑스럽지 않나요?
인생과 사랑은 같은 것입니다.
딸 이름인 'Aisha'의 뜻은 '인생'입니다.
Londie(부인), 이 아이를 임신했던 당신이 없었으면 이 모든 일들은 불가능했어요.
사랑을 통해서 만들어진 너무 사랑스러운 아이에요.

연습문제

A. 다음 문장에서 주어를 찾아 밑줄을 치세요.

01. I go to Guam every winter.

02. Birds fly high.

03. Sometimes, he goes on a trip.

04. We smiled at her.

05. Freddie Mercury sings well.

B. 다음 문장에서 동사를 찾아 밑줄을 치세요.

01. I started a new job last month.

02. Monica has a new boyfriend.

03. They like to sing.

04. We drank some water.

05. He took medicine.

C. 다음 문장에서 목적어를 찾아 밑줄을 치세요.

01. I passed the test.

02. He got a driver's license.

03. That small store sells ice cream.

04. Bring your umbrella with you.

05. Can you take me to the airport?

D. 다음 문장에서 보어를 찾아 밑줄을 치세요.

01. You look tired.

02. She is popular.

03. That sounds great.

04. This soup smells good.

05. I found the movie interesting.

E. 다음 <보기>처럼 밑줄 친 부분을 수식하는 부분을 괄호로 묶으세요.

〈보기〉

The girls sat (on the beach).

01. The boys on the playing ground ran very fast.

02. There were many people injured in the accident.

03. Our scheduled meeting will be held in room 103 on time.

04. Water is very important to plants and wildlife.

05. She left the keys somewhere in the house.

심화 학습 1

오늘의 속담

The grass is always greener on the other side of the fence.

?The other person's rice cake always looks bigger than yours.

상대방의 떡은 항상 자기 것보다 커 보인다.

= The apples on the other side of the fence are the sweetest.

울타리 반대편에 있는 사과들이 가장 달다. 담장 저편의 사과가 가장 달다.

= Our neighbor's ground yields better corn than ours.

우리 이웃의 땅은 우리보다 더 좋은 옥수수를 생산한다.
이웃집 밭에서 나는 옥수수가 우리 밭에서 나는 것보다 더 맛있다.

My brother never stays in one job very long, believing ***the grass is always greener on the other side of the fence,*** but he never seems to improve his situation. The new jobs are never as good as they appear.

improve: 개선하다, 향상하다	She is anxious to ***improve*** herself in English. 그녀는 영어 실력이 더욱 향상되기를 바라고 있다.
situation: 상황, 처지, 환경	The ***situation*** got steadily worse 상황이 한결같이 악화되어 갔다.
appear: ~인 것 같다	It would ***appear*** that this was a major problem. 이것이 주된 문제였던 것처럼 보일 것이다.

직역

내 동생은 한 직장에서 아주 오래 머물지 않고, 항상 다른 쪽 울타리에 있는 풀이 더 푸르다고 믿지만, 결코 자신의 상황을 호전시킬 것 같지 않다. 그 새 직장은 겉보기와는 전혀 다르다.

의역

내 동생은 한 직장에서 오래 견디는 법이 없다. **그는 남의 떡이 더 커 보인다(울타리 반대편에 있는 잔디가 항상 더 푸르게 보인다)**고 생각하는데, 결코 제대로 된 적이 없었다. 새로 얻은 직장들은 결코 보기보다 좋지 않았다.

속담 의미

경쟁이 만연한 요즘 시대에 남들과 비교하게 되는 일이 많다. 그러다 보면 사실은 큰 차이가 없는데 남들이 더 나아 보이거나, 남의 것이 더 좋아 보이거나, 또는 자신의 처지나 물건을 안 좋게 생각하는 경우가 있다. 그럴 때 영어에서는 담장 너머 있는 이웃의 잔디가 우리 집 잔디보다 더 푸르고 관리가 잘 돼 있는 것처럼 보인다는 내용으로 말하곤 한다.

매일 쓰는 회화표현

Oh, my God! [OMG] 제기랄! [저런! 맙소사! 띠로리...], "말도 안돼, 어머 어떡해, 오, 안돼!"
= Oh, my goodness!
Oh, my gosh!

살다 보면 우리가 굉장히 놀라운 일을 당할 때(그게 긍정적이든 부정적이든), 영어를 잘하지 못하는 사람들이라 할지라도 꽤 자주 내뱉는 감탄 표현이다.

Come on! 덤벼! 오너라(도전할 때)
= Cheer up!
Pull yourself together!
Go for it.

I have a flat tire. 타이어가 펑크 났다.
= The tire is flat.
My tire blew out.

Fill her[it] up, please. 기름을 가득 채워 주십시오. 가득 넣어 주세요.

Will you give me a lift [ride] to the school? 학교까지 태워다 주시겠어요?
= Could you pick me up to the school?

Could you move up [back up] a little bit more, please?
차를 조금만 더 앞으로 [뒤로] 빼 주시겠어요?

줄줄 나와야 할 표현

오늘은 내가 제정신이 아니다.
I'm out of mind today.
= I'm not feeling myself today.
I'm losing my mind today.
I'm nuts today.
Today I'm out of it.

저는 지금 다른 사람과 통화 중입니다.
I have someone on hold.
= I'm on the phone with someone else right now.
I'm on another line.

끊지 말고 잠시만 기다리세요.
= Hold on a second.
Hold the line, please.
Don't hang up the phone.
I'll put you on hold.
Could you hold on for a minute.
Stay on line.
Will you hold?
Please remain on the line.

입에 군침이 돈다.
My mouth is watering.
= My mouth waters.

The smell of food made my mouth water. 음식 냄새를 맡자 입에 군침이 돌았다.
Just thinking about it makes my mouth water. 생각만 해도 군침이 돈다.

심화 학습 2

실전유형 문제

빈칸에 가장 알맞은 것을 고르시오.

01. All employees _____ the meeting.
(A) attend (B) attending (C) attendance (D) attentive

02. Mr. Kim has the _____ to set the budget.
(A) authorize (B) authorizes (C) authority (D) authorized

03. The manual is very _____ to understand for everyone.
(A) ease (B) easy (C) easily (D) more easily

04. This function makes the sofa more _____.
(A) comfort (B) comforts (C) comfortable (D) comfortably

05. All products made by the Eagle Company must meet _____ standards before they are sold.
(A) rigors (B) rigorous (C) rigor (D) rigorously

06. Merry _____ opened five restaurants in Seoul last year.
(A) success (B) successful (C) succeeded (D) successfully

Unit 03

명사
(Nouns)

기초영어 I Basic English

명사, 이름이 있는 모든 단어! 형태가 있던 없던 상관없이....

사람, 사물, 심지어 부모님의 사랑처럼 눈에 보이지 않는 것까지 세상에 존재하는 모든 것에는 이름이 있다. 바로 그 이름에 해당하는 것을 명사라 한다.

Man, woman, school, John, McDonald, Seoul, love 등과 같은 단어를 말한다.

01 명사의 형태

어떤 말의 끝부분을 보면 명사라는 것을 알 수 있다. 명사에 흔하게 쓰이는 끝말(어미)을 살펴봐야 한다.

1.1. 명사를 만드는 끝말(어미)

명사를 나타내는 끝말은 주로 –ion[-tion, -sion], -ty[-ity], -al, -ance[-ence], -ment, -ness, -age, 등이 있다.

끝말	예
–ion[-tion, -sion]	cancellation 취소, confirmation 확인, decision 결정, expansion 확장, identification 신분증, relation 관계
-ty[-ity]	authority 권위(자), creativity 독창성, flexibility 융통성, 유연성, maturity 성숙(기), possibility 가능성, responsibility 책임, 의무
-al	appeal 호소, appraisal 평가, approval 승인, 허가, arrival 도착 potential 잠재력, proposal 제안(서)
-ance[-ence]	advance 진보, 향상, difference 차이, evidence 증거, observance 준수, 습관 performance 수행
-ment	agreement 일치, 합의, commitment 위탁, 공약, development 발달, 개발 disappointment 실망, investment 투자
-age	damage 피해
-ness	effectiveness 효율성, illness 병

1.2. 사람을 지칭하는 명사 vs. 일반적인 명사

명사의 종류로는 크게 사람을 지칭하는 명사와 일반적인 명사로 나눌 수 있다.

사람을 지칭하는 명사	일반적인 명사
adviser 조언자	advice 조언
assembler 공장 조립 라인의 직원	assembly 조립
beneficiary 수혜자	benefit 복지
campaigner 캠페인을 하는 사람	campaign 캠페인
donor 기증자	donation 기증
intern 인턴	internship 인턴직, 수련의직
manufacturer 제조업자, 제조업체	manufacture 제조
rival 적수, 경쟁자	rivalry 경쟁, 대항

02 명사의 종류

명사는 셀 수 있는 명사와 셀 수 없는 명사로 나뉜다. 물건이나 사람처럼 하나, 둘 개수를 셀 수 있는 명사는 '셀 수 있는 명사'이다. 반면 물, 설탕처럼 개수를 셀 수 없는 것이나, 지명, 인명, 눈에 보이지 않는 추상적인 것은 '셀 수 없는 명사'이다.

셀 수 있는 명사	보통명사	일반적인 사물의 이름을 나타내는 명사 ex) boy, book, pen, church, house 등
	집합명사	여러 구성원들이 모여서 하나를 이루는 집합체를 나타내는 명사 ex) family, class 등
셀 수 없는 명사	고유명사	- 사람 이름, 지명, 요일처럼 사람/사물의 고유한 이름을 나타내는 명사 - 첫 글자는 항상 대문자로 시작 ex) John, Bob, Seoul, Tokyo, Korea, Monday 등
	물질명사	재료, 기체, 액체, 식품 등 일정한 형태나 모양이 없는 명사 ex) water, air, sugar, butter, rain 등
	추상명사	추상적인 개념을 나타내는 명사 ex) beauty, happiness, kindness, love 등

2.1. 셀 수 있는 명사

단수 셀 수 있는 명사 앞에는 항상 한정사(관사, 소유격, 지시 형용사)가 온다. 또한 셀 수 있는 명사는 many, a few, few, several 등의 수량 형용사의 수식을 받을 수 있다.

a computer, **an** apple, **the** sun, **his** book, **that** car

* I read **book**.
I read **a book** / **the book** / **this book**. 나는 책을 / 그 책을 /이 책을 읽었다.

I have **many** / **several** friends. 나는 많은 / 몇 명의 친구가 있다.
I have **a few** friends. 친구가 몇 명 있다.
I have **few** friends. 친구가 거의 없다.

셀 수 있는 명사의 예

an account 설명	an advertisement 광고	an approach 접근
an issue 발행물	a delay 연기	a description 설명
a discount 할인	a price 가격	a purpose 목적
a refund 환불	a relation 관계	a source 근원, 출처
a statement 내역서, 진술	a venture 모험적 시도	

2.2. 셀 수 있는 명사의 수

셀 수 있는 명사는 단수, 복수 둘 다 가능하다, 단수일 때는 명사 앞에 관사(a/an/the)를 붙이고, 복수일 때는 –s/-es를 붙인다. 또한, 예외적인 것도 있다.

단수	a bus 버스 한 대, an accident (하나의) 사고, a university 한 대학, an hour 한 시간		
복수	대부분의 명사: <명사 + -s>	rose – rose**s**	cat – cat**s**
	-s, -sh, -ch, -o로 끝나는 명사: <명사 + -es>	bus– bus**es** dish – dish**es**	church – church**es** potato – potato**es**
	-f, -fe로 끝나는 명사: <f나 fe를 v로 고친 후 –es>	shelf – shelv**es**	knife – kniv**es**
	<자음 + y>로 끝나는 명사: <y를 i로 고친 후 –es>	baby – babi**es**	story – stori**es**
	예외적인 명사	man – **men** foot – **feet** person – **people**	woman – **women** tooth – **teeth** child – **children**

2.3. 셀 수 없는 명사

항상 단수 취급하며, 부정관사(a/an)가 올 수 없고, 복수형도 없다. 또한, 셀 수 없는 명사는 much, a little, little 등의 수량 형용사의 수식을 받을 수 있다.

*a furniture, *furnitures → furniture

특정 단위를 이용하여 셀 수 있다.

two pieces of furniture 가구 두 점
three cups of coffee 커피 세 잔

수량형용사(much, a little, little) + 셀 수 없는 명사

I have **much** money. 나는 돈이 많다.
I have **a little** money. 나는 약간의 돈이 있다.
I have **little** money. 나는 돈이 거의 없다.

셀 수 없는 명사의 예

access 접근, 출입	advice 조언, 충고	baggage = luggage 수하물
clothing 의류	equipment 기구, 장비	furniture 가구
information 정보	machinery 기계류	news 소식
progress 진보	scenery 장면	stationary 문구류
water 물	weaponry 무기류	

03 문장에서 명사의 쓰임과 위치

3.1. 명사의 쓰임

명사는 동사와 함께 문장을 구성하는 가장 중요한 품사로서, 주어, 보어, 타동사의 목적어, 전치사의 목적어 등의 중요한 역할을 하며, 형용사의 수식을 받는다.

주어	John **wears** casual clothes on Friday. John은 금요일에 캐주얼 한 옷(평상복)을 입는다.
	Merry rejected the proposal. Merry는 제안을 거부했다.
타동사의 목적어	We usually eat **lunch** at 1 p.m. 보통 오후 1시에 점심을 먹는다.
	I need **a girl friend**. 나는 여자 친구가 필요해.
전치사의 목적어	The road is under **construction**. 도로가 공사 중이다.
	We were satisfied with **the result**. 우리는 결과에 만족했다.
주격보어	John and Merry are **teachers**. John과 Merry는 선생님이다.
	Rome seems **an interesting place** to visit. 로마는 방문하기에 흥미로운 장소인 것 같다.
목적격 보어	John made his son **a professor.** John은 아들을 교수로 만들었다.
	We consider Merry a good **person.** 우리는 Merry를 좋은 사람이라고 생각한다.

3.2. 명사의 위치

명사는 다양한 수식어의 도움을 받아서 더욱 구체적인 뜻을 나타내게 된다. 즉, 명사 앞에는 형용사, 소유격, 관사, 전치사 등이 와서 덩어리째 쓰일 수 있다. 또, <명사 + 명사> 형태의 복합명사는 그 자체가 한 덩어리의 의미 단위로 쓰이므로 통째로 익혀두어야 한다.

형용사 뒤	John is a **cute little** baby. John은 귀여운 아기이다.
	New students will go MT. 신입생은 MT에 갈 것이다.

소유격 뒤

Their manager is very nice.
그들의 부장은 매우 친절하다.

What is **your** phone number?
전화번호가 어떻게 되요?

관사(+ 부사 + 형용사) 뒤

John carried **an** umbrella with him.
John은 우산을 들고 갔다.

Merry made **a** reservation yesterday.
Merry가 어제 예약을 했다.

The **newly purchased** computer is mine.
새로 구입한 컴퓨터는 내 것이다.

전치사 뒤

All staff attend a meeting **on** Mondays.
모든 직원은 월요일에 회의에 참석합니다.

복합명사: 이미 있는 말들을 모아 새롭게 만들어 낸 명사

blackboard 칠판, classroom 교실, greenhouse 온실, seaside 바닷가

forget-me-not 물망초, horse-riding 말타기, make-up 화장, son-in-law 사위, stuck-in-the-mud 꼼짝 못함

English teacher, lunch time, morning coffee, personal computer
account number 계좌, customer satisfaction 고객 만족, expiration date 유효기간
forget-me-nots, personal computers

The teacher wrote her name on the **blackboard**.
선생님은 칠판에 그녀의 이름을 적었다.

My teacher is **stuck-in-the-mud**. 선생님은 궁지에 빠졌다.
We need your **account number**. 계좌 번호가 필요합니다.
We take **customer satisfaction** seriously. 우리는 고객 만족을 중요하게 생각한다.

04 한정사와 어울리는 명사

한정사는 명사 앞에 쓰여 명사의 범위나 의미를 구체적으로 나타내는 역할을 하는 말이다.

4.1. 셀 수 있는 단수 명사 앞

한정사	예
each 각각의 every 모든 another 또 다른, 또 하나의	**each guest** 각각의 손님 **every guest** 모든 손님 **another guest** 또 한 명의 손님

Please answer **each** question in the form. 양식의 각 질문에 답하십시오.

Every member should fill out the form. 모든 회원은 양식을 작성해야합니다.

There is **another** train at 10 o'clock. 10시에 다른 기차가 있습니다.

4.2. 셀 수 있는 복수 명사 앞

한정사	예
both 둘 다의 several 여럿의 various[=a variety of] 다양한	**both products** 두 상품 모두 **several products** 여러 상품들 **various products** 다양한 상품들
a number of 많은 one of the ~중 하나	**a number of products** 많은 상품들 **one of the products** 그 상품들 중 하나

There are **several** options available. 몇 가지 옵션(선택권)을 사용할 수 있다.

There are a number of ways you can cook an egg.
달걀을 요리하는 방법에는 여러 가지가 있다.

4.3. 셀 수 있는 복수 명사 / 셀 수 없는 명사 앞

한정사	예	
any 어떤~	**any employees** 어떤 직원들	**any advice** 어떤 충고
some 일부의	**some investors** 일부 투자자들	**some information** 일부 정보
most 대부분의	**most restaurants** 대부분의 식당들	**most baggage** 대부분의 수하물
all 모든	**all vehicles** 모든 차량들	**all merchandise** 모든 상품

All baggage must be inspected. 모든 수하물을 검사해야 합니다.

4.4. 주의해야 할 한정사

many, (a) few, fewer는 셀 수 있는 복수 명사 앞, much, (a) little, less는 셀 수 없는 명사 앞에만 쓰인다.

셀 수 있는 명사 (복수형)	셀 수 없는 명사
many customers 많은 고객들	**much** knowledge 많은 지식
a few customers 소수의 고객들	**a little** knowledge 약간의 지식
few customers 거의 없는 고객들	**little** knowledge 희박한 지식

Participants had **little** interest in the business.
참가자들은 사업에 거의 관심이 없었다.

05 발음 연습

[θ]소리를 연습해 보세요.

thing/sing	think/sink	thank/sank	thick/sick
thought/sought	thin/sin	theme/seem	thumb/sum
thigh/sigh	myth/miss	path/pass	math/mass
mouth/mouse	truth/truce	throw/draw	through/drew

Thanks for the **thought**, anyway.
어쨌든 생각해 주셔서 감사합니다.

I **think** it's six-**thirty** on Sundays.
일요일 6시 30분인 것 같아요.

Cathy had white **teeth** and a lot of **thick** black hair.
Cathy는 하얀 치아와 숱이 많은 검은 머리카락을 가지고 있었다.

She had **everything**, beauty, intelligence, **youth** and, above all, money.
그녀는 모든 것, 아름다움, 지성, 젊음, 그리고 무엇보다도 돈을 가졌습니다.

The cross stood in the center of the table **throughout** Easter as a symbol of **thanksgiving**. 십자가는 부활절 내내 감사의 상징으로 식탁 중앙에 서 있다.

위의 소리를 다음 팝스 영어에서 확인하며 불러보세요.

06 팝스 영어

Thank you for the Music

Sung by AbbA

I'm **nothing** special, in fact I'm a bit of a bore.
If I tell a joke, you've probably heard it before.
But I have a talent, a wonderful **thing**
Cause everyone listens when I start to sing.
I'm so grateful and proud.
All I want is to sing it out loud.

So I say **thank** you for the music, the songs I'm singing.
Thanks for all the joy they're bringing.
Who can live without it, I ask in all honesty.
What would be life be?
Without a song or a dance what are we?
So I say **thank** you for the music.
For giving it to me.

Mother says I was a dancer before I could walk.
She says I began to sing long before I could talk.
And I've often wondered, how did it all start?
Who found out that **nothing** can capture a heart
Like a melody can?
Well, whoever it was, I'm a fan.

So I say **thank** you for the music, the songs I'm singing.
Thanks for all the joy they're bringing.
Who can live without it, I ask in all honesty.

What would be life be?
Without a song or a dance what are we?
So I say **thank** you for the music.
For giving it to me.

I've been so lucky, I am the girl with golden hair.
I wanna sing it out to everybody.
What a joy, what a life, what a chance!

Thank you for the music, the songs I'm singing.
Thanks for all the joy they're bringing.
Who can live without it, I ask in all honesty.
What would be life be?
Without a song or a dance what are we?

So I say **thank** you for the music.
For giving it to me.

So I say **thank** you for the music.
For giving it to me.

어휘

1. a bit: 조금, 다소

   I'm ***a bit*** tired. 조금 피곤합니다.

2. bore: 지루한 일, 따분한 사람; 지루하게 하다

   The movie ***bored*** us. 그 영화는 우리를 지겹게 했습니다.

3. talent: 재능, 소질

   I did not know you have so many hidden ***talents***.
   당신한테 이렇게 숨은 재주가 많은 줄은 몰랐어요.

4. out loud: 소리 내서, 큰 소리로

   You need to say it ***out loud***, so everybody can hear you.
   모든 사람이 들을 수 있게 크게 말해야 합니다.

5. live without something: 없이 살아남다, ~ 없이 살다

   I don't think I can ***live without my cell phone***.
   핸드폰 없이 살 수 없을 것 같아요.

6. capture a heart: 마음을 사로잡다

   Who found out that nothing can ***capture a heart*** like a melody can?
   노래 선율처럼 다른 어느 것도 사람의 마음을 사로잡을 수 없다는 걸 누가 발견했을까 하고요?

가사 해석

난 특별하지 않아요, 사실 좀 따분한 사람이죠.
내가 농담을 한다면, 아마 전에 들어 본 것이겠죠.
하지만 나에겐 놀라운 재능이 있어요
내가 노래를 시작하면 모두가 귀를 기울이니까요.
난 너무 고맙고 뿌듯해요.
내가 원하는 건 단지 큰 소리로 노래 부르는 거에요.

그래서 말하는데요, 음악과 내가 부르는 노래에 감사하다고요.
노래가 가져다 주는 모든 기쁨에 감사해요.
솔직히 물어보자면, 누가 음악 없이 살겠어요?
(음악이 없다면) 인생이 어떻게 되겠어요?
노래나 춤이 없다면 우리는 어떻게 될까요?
그래서 난 음악에 감사하다고 말하죠.
음악을 내게 준데 대해서.

어머니는 내가 걷기도 전에 춤을 췄다고 말씀하시죠.
내가 말을 배우기도 전에 노래를 불렀다고 하시죠.
난 종종 궁금했어요, 어떻게 그렇게 됐을까 하고?
노래 선율처럼 다른 어느 것도 사람의 마음을 사로잡을 수 없다는 걸 누가 발견했을까 하고요?
그 사람이 누구였든, 난 그 사람의 팬이에요.

그래서 말하는데요, 음악과 내가 부르는 노래에 감사하다고요.
노래가 가져다 주는 모든 기쁨에 감사해요.
솔직히 물어보자면, 누가 음악 없이 살겠어요?
(음악이 없다면) 인생이 어떻게 되겠어요?
노래나 춤이 없다면 우리는 어떻게 될까요?
그래서 난 음악에 감사하다고 말하죠.
음악을 내게 준데 대해서.

난 참 운이 좋았어요, 난 금발머리를 가진 소녀죠.
모든 사람에게 노래하고 싶어요.
얼마나 기쁘고, 멋진 인생인지 몰라요. 정말 굉장한 기회죠!

음악과 내가 부르는 노래에 감사하다고요.
노래가 가져다 주는 모든 기쁨에 감사해요.
솔직히 물어보자면, 누가 음악 없이 살겠어요?
(음악이 없다면) 인생이 어떻게 되겠어요?
노래나 춤이 없다면 우리는 어떻게 될까요?
그래서 난 음악에 감사하다고 말하죠.
음악을 내게 준데 대해서.
그래서 말하는데요, 음악과 내가 부르는 노래에 감사하다고요.
노래가 가져다 주는 모든 기쁨에 감사해요.

그래서 말하는데요, 음악과 내가 부르는 노래에 감사하다고요.
노래가 가져다 주는 모든 기쁨에 감사해요.

연습문제

A. 다음 문장에서 명사를 찾아 모두 밑줄을 치세요.

01. These books were on the desk.
02. The food tastes good today.
03. She likes handbags.
04. We had a cheese pizza for dinner.
05. Those are your gloves.
06. You look like my uncle.

B. 다음 문장에서 밑줄 친 명사의 쓰임을 말하세요.

01. Please leave the <u>windows</u> open.
02. Your <u>pen</u> is in my pocket.
03. They drank two <u>bottles</u> of wine last Saturday.
04. He became a <u>movie director</u>.
05. The <u>building</u> is my father's.
06. We consider the man our <u>leader</u>.

C. 다음 괄호 안의 단어 중 알맞은 것을 고르세요.

01. Wish me (luck / a luck / lucks).
02. We had to move all the (furniture / a furniture / furnitures).
03. We bought three bottles of (wine / a wine / wines).
04. Three (man / men / mans) visited the office today.
05. He was talking to (waitress / a waitress).
06. There were many (childs / a child / children) in the room.
07. (All / Every) employees should attend the meeting.
08. Each (applicant / applicants) must have a diver's license.

심화 학습 1

오늘의 속담

Better alone than in bad company.

= (It is) better (to be) alone than in bad company.

?One avoids dung not because he fears it but because it is dirty.
똥은 두려워서가 아니라 더럽기 때문에 피한다.

= Bad company corrupts good character.
나쁜 친구를 사귀면 좋은 습관도 나쁘게 된다.

- 악한 동무들은 선한 행실을 더럽히니 (고린도전서 15:33)

= He that touches pile shall be defiled.
퇴비를 만지는 사람은 더렵혀지기 마련이다.

= It's not because I'm afraid of them that I avoid them.
내가 그들을 피하는 것은 그들을 두려워해서가 아니다.

= It's because I don't want their dirt rubbing off on me.
그들의 더러움이 내게 묻어나는 것을 원치 않기 때문이다.

The man knew he must avoid his friends when he quit drinking as they would influence him to drink. He decided it was ***better alone than in bad company.***

avoid: 방지하다, 피하다
Drink lots of water to ***avoid*** becoming dehydrated.
탈수를 막을 수 있도록 물을 많이 마셔라.

quit: 그만하다, 떠나다
He ***quit*** the show last year because of bad health.
그는 건강이 안 좋아서 작년에 그 프로를 그만두었다.

influence: 영향을 주다
She was charged with driving under the ***influence.***
그녀는 음주 운전으로 기소되었다.

in bad company:
나쁜 친구들 틈에 있다
He is ***in bad company.***
그는 나쁜 친구를 사귀고 있다.

직역

그 남자는 술을 끊으면 친구들이 술을 마시도록 영향을 줄 것이기 때문에 친구들을 피해야 한다는 것을 알고 있었다. 그는 나쁜 친구들보다 혼자 있는 것이 낫다고 판단했다.

의역

그 사람은 술을 끊었을 때 친구들을 피해야 한다는 사실을 알고 있었는데, 그 이유는 친구들이 그에게 술을 마시도록 할 것 이라는 것을 알고 있었기 때문이다. **"똥이 무서워서 피하나 더러워서 피하지(좋지 않은 사람들과 있을 바에는 혼자 있는 편이 낫다)"**고 생각했다.

속담 의미

악하거나 같잖은 사람을 피하는 것은 그가 무서워서가 아니라 상대할 만한 가치가 없으므로 피하는 것이라는 말. 악한 사람을 상대하지 않고 피하는 것은 그가 무서워서가 아니라 상대할 가치가 없기 때문이라는 말이에요.

함께 있는 사람들이 당신에게 잘못된 유형이라면, 혼자 남아 있는 것이 더 나은 방법이다. 이것은 평생 혼자 있어야 한다는 것을 의미하지 않고, 자신이 에워싸고 싶은 사람을 선택하는 것이 좋다는 것을 의미한다.

매일 쓰는 회화표현

Can I help you? 도와 드릴까요?
= How I help you with something?
Can I give you a hand?
Do you need some help?
What can I do for you?

Anything else? 더 필요한 것이 없습니까?
= Is there anything else you need?

After you. 먼저 하시죠 [타시죠, 내리시죠, 드시죠].
= You first.
Be my guest.

UP? [Down?] 올라갑니까? 내려갑니까?
= Going up? Going down?

Up. [Down.] 올라갑니다. 내려갑니다.

What's the matter with you? 무슨 일인데 그래?
= What's the problem?
What's going on?
What's biting you?

What's the date today? 오늘이 며칠이지?

What day is it today? 오늘이 무슨 요일이죠?
= What's today?
What day is this?

줄줄 나와야 할 표현

속도위반 입니다.

You were speeding.

그는 맨주먹 [무일푼]으로 사업을 시작했다.

He started his business from scratch.

= He started the business with his bare [naked] fists.

He started the business with practically nothing.

그는 몇 푼 안 되는 돈을 가지고 사업을 시작했다.

He started his business on a shoestring.

= He started the business with a few pennies.

그만하길 천만다행이다. [불행 중 다행이다.]

It could have been worse.

= I'm glad to hear that.

차량 번호가 몇 번이죠?

What's your license plate number?

심화 학습 2

실전유형 문제

빈칸에 가장 알맞은 것을 고르시오.

01. Please visit our Website for more _____.
(A) inform (B) information (C) informed (D) informational

02. _____ to the party have been sent to all members.
(A) Invitations (B) Invite (C) Inviting (D) Invitation

03. All employees will meet with their _____ tomorrow.
(A) supervisors (B) supervision (C) supervisor (D) supervisory

04. Habor Street will be closed for _____.
(A) renovates (B) renovate (C) renovations (D) renovated

05. Managers make _____ on business strategies.
(A) decide (B) decidedly (C) decisive (D) decisions

Unit 04

대명사

(Pronouns)

기초영어 I Basic English

대명사, 명사를 대신하여 활약하는 아바타!

철수는 선생님이다. **그**는 동물을 좋아한다.

두 번째 문장에서 '철수'라는 명사를 다시 쓰지 않기 위해 '그'라는 표현을 썼다. 이처럼 대명사는 명사의 반복을 피하기 위해 사용되는 말로, 명사와 마찬가지로 문장에서, 주어, 목적어, 보어의 역할을 한다. 대명사는 크게 사람이나 사물을 대신하는 인칭대명사, 특정 사람이나 사물을 받는 지시대명사, 그리고 불특정한 사람이나 사물을 대신하는 부정대명사로 나뉜다.

인칭대명사	사람을 가리키는 대명사	I, you, he, she, we, they
지시대명사	사람이나 사물을 가리키는 대명사	this/these, that/those
부정대명사	명확하지 않은 수량을 나타내는 대명사	some, most, many

01 인칭 대명사

나는 (**너를**, 너는) 좋아해

괄호에는 주격인 '너는'이 아니라 목적격인 '너를' 쓰는 것이 자연스럽다. 영어의 인칭대명사는 격에 따라 오는 자리가 달라진다.

인칭대명사는 앞에 나오는 명사의 성, 수, 격에 따라 형태가 달라지는데, 특히 격을 구별하는데 주의를 기울여야 한다. 주어 자리에는 주격, 목적어 자리에는 목적격, 그리고 명사 앞에 쓰일 때에는 소유격을 써야 한다.

1.1. 쓰임에 따라 모습이 달라지는 인칭 대명사

격			주격	소유격	목적격	소유대명사	재귀대명사
인칭			-은, -는	-의	-을, -에게	-의 것	-자신
1인칭	단수		I	my	me	mine	myself
	복수		we	our	us	ours	ourselves
2인칭	단수		you	your	you	yours	yourself
	복수						yourselves
3인칭	단수	남성	he	his	him	his	himself
		여성	she	her	her	hers	herself
		사물	it	its	it	-	itself
	복수		they	their	them	theirs	themselves

1.2. 인칭 대명사의 자리

주어 자리에는 주격, 명사 앞에서 소유 관계를 나타낼 때는 소유격, 동사나 전치사 뒤 목적어가 와야 할 때는 목적격을 써야 한다.

주격 **She** opened a new bank account. 그녀는 새 은행 계좌를 개설했다.

소유격 I love **his** sister. 나는 그의 여동생을 사랑한다.

목적격 I like **her**. 나는 그녀를 좋아한다.

1.3. 소유대명사

소유대명사는 '~의 것'이라는 뜻으로 <소유격 + 명사>를 결합시킨 형태이다. 또한, 문장에서 주어, 목적어, 보어로 쓰인다.

주어 My room has one window. **His** has two.
내 방에는 창문이 하나 있다. 그의 것(창문)은 두 개이다.

목적어 The boss dislikes her idea. He likes **mine**.
상사는 그녀의 아이디어를 싫어한다. 그는 내 것(내 아이디어)을 좋아한다.

보어 This red car in the parking lot is **hers**.
주차장에 있는 이 빨간 차는 그녀의 것(그녀의 차)입니다.

1.4. 재귀대명사

재귀대명사는 주어와 목적어가 같은 대상일 때 목적어 자리에 온다. 주어나 목적어를 강조하기 위해 쓰기도 하는데 이 때는 생략이 가능하다. 때로는 전치사와 어울려 관용 표현으로도 쓰인다.

1.4.1. 재귀용법

'스스로를/스스로에게 ~하다'라는 뜻으로, 동작이나 행위가 그 사람 자신에게 되돌아오거나 영향을 미칠 때 목적어 자리에 쓰인다.

He killed **himself**. 그는 자살했다. cf. He killed him. 그는 그를 죽였습니다.

Listening to **yourself** is not an easy skill. 자신의 말에 귀 기울이는 것은 쉬운 기술이 아니다.
She considers **herself** a beauty. 그녀는 자신을 미인이라고 생각한다.

1.4.2. 강조 용법

'바로 그 자신(이), 직접'이라는 뜻으로, 강조하는 명사나 대명사의 바로 뒤나 문장 끝에 쓰인다. 강조하기 위해 덧붙인 말이므로 생략할 수 있다.

I **myself** painted the picture. = I painted the picture **myself**.
내가 그 그림을 직접 그렸다.

Did you interview the writer **himself**? 작가님과 직접 인터뷰하셨나요?
She is the beauty **itself**. 그녀는 아름다움 그 자체이다. (그녀는 미의 화신이다.)

1.4.3. 관용 표현

by oneself 혼자서, 스스로 for oneself 스스로 to oneself 자신에게
of itself 저절로 in itself 본래

No man can live **by** and **for himself**. 어떤 사람도 혼자 힘으로 살 수는 없다.
The door opened **of itself**. 문이 저절로 열렸다.
Competition is not evil **in itself**. 경쟁 그 자체는 악하지 않다.

02 지시대명사

지시대명사는 대상이 되는 사물 또는 사람과의 거리를 나타내기 위해 사용되는 것이다. 대상의 수에 따라 단수형과 복수형을 구분해야 한다.

	대상이 가까이 있을 때	대상이 멀리 있을 때
단수	this (이것, 이 사람)	that (저것, 저 사람)
복수	these (이것들, 이 사람들)	those (저것들, 저 사람들)

2.1. this/these와 that/those

앞에서 언급한 내용을 지칭할 때 this 또는 that, 여럿일 때는 these와 those를 쓴다.

This is my colleague, Linda. 이쪽은 제 동료, Linda입니다.

This/ That is the new brochure. 이/저것이 새 안내 책자입니다.

These/ Those are pants on sale. 이것들은/ 저것들은 할인 중인 바지입니다.

2.2. that/those of + 명사

that과 those는 비교 대상이 되는 명사의 반복을 피하기 위해 쓴다. 비교 대상이 단수 명사라면 that, 복수 명사라면 those를 쓰며, 그 뒤에는 <of + 명사> 형태인 수식어구가 주로 온다.

The population of Japan is lager than **that** of Korea.
일본의 인구는 한국의 인구보다 많다.

The sales figures for this year are lower than **those** of last year.
올해의 판매 실적은 작년의 판매 실적보다 낮다.

2.3. '~하는 사람들'을 뜻하는 those who

those는 관계대명사 who의 선행사로 쓰여 '~하는 사람들'을 의미하게 된다. 즉, <those who + 복수 동사 ~)의 형태로 쓰인다는 얘기다.

Those who come first can get tickets. 먼저 온 사람이 표를 살 수 있다.

We will invite **those who** are interested in the movie.
우리는 그 영화에 관심 있는 사람들을 초대할 것입니다.

03 부정대명사

저기 책꽂이에서 **아무거나 한 권** 가져와라.

아무거나 한 권은 정확한 수를 나타내지 않고 막연한 수를 나타내는 표현이다.

부정대명사는 정해져 있지 않은 막연한 범위 불특정한 사람, 사물, 수량을 가리키는 것이다.

I lost my **pen**.
Do you have **it**? **(펜을 잃어버렸는데 그 펜을 네가 가지고 있느냐의 의미)**
Do you have **one**? **(펜을 잃어버렸는데 뭐 쓸 것 하나 가지고 있느냐의 의미)**

3.1. 다양한 부정대명사의 의미와 쓰임

수나 양이 명확하지 않은 사람/사물을 가리키는 부정대명사 앞에는 다양한 종류가 있으며, 형용사 역할을 하기도 한다. 셀 수 있는 명사 앞에 쓰이는 부정대명사와 셀 수 없는 명사 앞에 쓰이는 부정대명사를 구분해서 알아 두어야 한다.

some, any, most, all, none, each, both, several, many, one + of the 복수 셀 수 있는 명사
some, any, most all, none + of the 셀 수 없는 명사

Each of the products has its own serial number. 각 제품에는 고유의 일련번호가 있다.
Some of the furniture is currently out of stock. 그 가구 중 일부는 현재 품절 되었다.
Many of the students are studying English very hard.
많은 학생들이 영어를 매우 열심히 공부하고 있다.
Most of the people are afraid of ghosts. 대부분의 사람들은 유령을 무서워한다.

3.2. one, the other, another, the others의 차이

one은 '사람/것, 하나'의 의미로 쓰이고, another는 <an + other (+셀 수 있는 명사의 단수)>를 의미한다. 불특정한 '또 하나의 다른 것/사람'을 나타내기도 한다. the other는 정해진 둘에서 나머지 하나를 나타낸다. the others는 <the other + 복수 명사>의 의로 '나머지 모두'를 가리킨다.

둘 중에서: 하나는, 다른 하나는
셋 중에서: 하나는, 또 하나는, 나머지 하나는
특정 다수에서: 하나는, 나머지 전부는
다수 중에서: 일부는, 다른 일부는

3.2.1. one, the other

둘 중에서: 하나는, 다른 하나는

There are **two balls**. 공이 두 개 있다. **One** is white. 하나는 흰색이다.
The other is black. 다른 하나는 검은색이다.

3.2.2. one, another, the other

셋 중에서: 하나는, 또 하나는, 나머지 하나는

There are **three balls**. 공이 세 개 있다. **One** is white. 하나는 흰색이다.
Another is black. 또 하나는 검은색이다. **The other** is red. 나머지 하나는 빨간색이다.

3.2.3. some, the others/ some, others

특정 다수에서: 하나는, 나머지 전부는

There are **ten balls**. 공이 열 개가 있다. **Some** are white. 몇 개는 흰색이다.
The others are blue. 나머지 전부는 파란색이다.

다수 중에서: 일부는, 다른 일부는

There are **many balls**. 공이 많다. **Some** are yellow. 일부는 노란색이다.
Others are green. 다른 일부는 녹색이다.

04 발음 연습

[ð] 소리를 연습해 보세요.

they/day	then/den	than/Dan	though/dough	bathe/bade
mouths	smooth	breathe	farther/mother	southern/northern

At **the** foot of **that** thorn **there's** a path.
그 가시밭 밑에는 길이 나 있다.

Do **they bother** about things like long hair?
그들이 긴 머리 같은 것에 신경을 쓰나요?

I don't think I've got anything **further** to say.
더 이상 할 말이 없는 것 같아요.

I **rather** think it was three hundred and thirty dollars.
나는 오히려 그것이 300달러 30센트였다고 생각한다.

They both agreed to **smooth the** path of the bill through Congress.
그들은 둘 다 그 법안을 통과시키기로 합의했다.

위의 소리를 다음 팝스 영어에서 확인하며 불러보세요.

05 팝스 영어

Mother of Mine

Sung by Jimmy Osmond

Mother of mine
You gave to me, all of my life
To do as I please,
I owe everything I have to you,
Mother, sweet **mother** of mine.

Mother of mine when
I was young
You showed me
The right way things
Should be done,
Without your love,
Where would I be,
Mother, sweet **mother** of mine.

Mother, you gave me
Happiness much more
Than words can say,
I pray the Lord **that**
He may bless you
Every night and every day.

Mother of mine
Now I am grown
And I can walk straight

All on my own,
I'd like to give you
What you gave to me,
Mother, sweet **mother** of mine.

Mother of mine
Now I am grown
And I can walk straight
All on my own,
I'd like to give you
What you gave to me,
Mother, sweet **mother** of mine.

어휘

1. please: ~하고 싶다[원하다]

   You may stay as long as you ***please***.
   넌 네가 있고 싶은 대로 (오래) 있어도 돼.

2. owe: ~(의 존재·성공)은 ~ 덕분이다

   I ***owe*** it to my uncle that I am now so successful.
   내가 지금 이렇게 성공한 것은 삼촌 덕분이다.

3. sweet: 상냥한, 다정한

   She gave him her ***sweetest*** smile.
   그녀가 그에게 최고로 다정한 미소를 지어 보였다.

가사 해석

나의 어머니
당신은 내가 원하는 인생을 온전히 살게 해주셨어요. (당신은 내게 모든 삶을 바치셨지요)
내가 가진 모든 것은 당신 덕분이에요. (제가 가진 모든 것은 당신이 주신 겁니다)
어머니, 다정한 나의 어머니

나의 어머니 내가 어렸을 때
당신은 내게 제대로 일하는 방법을 보여주셨죠. (제게 세상의 이치를 알려주셨지요)
당신이 안 계셨다면 나는 어디에 있을까요? (당신의 사랑없이, 제가 어디에 있겠습니까?)
어머니, 다정한 나의 어머니

어머니, 말로 다 할 수 없는 행복을 주셨어요.
하나님께서 어머니에게 축복을 내리시도록 매일 밤낮으로 나는 기도해요.

나의 어머니
이제 난 다 컸어요 (이제 전 장성했습니다)
그리고 나 혼자서도 똑바로 걸어갈 수 있죠. (그리고 제 주관대로 살아 갈 수 있습니다)
당신이 내게 주셨던 것을 돌려드리고 싶어요.
어머니, 다정한 나의 어머니

연습문제

A. 다음 괄호 안의 단어 중 알맞은 것을 고르세요.

01. (They / Their) conduct a survey every year.
02. (Our / Us) service is reliable.
03. Mr. Jones will send the report to (he / him).
04. Of these ideas, the judge chose (me /mine).
05. Is (it / its) your bicycle?
06. Johanson motivates (him / himself) to go the gym.

B. 다음 괄호 안의 단어 중 알맞은 것을 고르세요.

01. (That / Those) analysts predicted economic growth.
02. There are 20 new articles on (this / these) list.
03. The cost of rent is higher than (that / those) of electricity.
04. (Those / That) editor got an award last year.
05. (These / Those) who are on duty cannot make personal calls.
06. (These / This) applications are used by business professionals.

C. 다음 괄호 안의 단어 중 알맞은 것을 고르세요.

01. The printer has (some / any) problems.
02. I have not read (some / any) of these books.
03. Jim bought two shirts. One is black and (the other / the others) is white.
04. The company has many branches. One is in Florida, (another, the other) is in New York, and others are in California.
05. Ms. Lee met five clients. One is Korean, another is French, and (the other, the others) are British.

심화 학습 1

오늘의 속담

Rome was not built in a day.

= A strong town is not won in an hour.
강한 성을 한 시간 만에 정복할 수는 없다.

= An oak is not felled at one stroke.
참나무는 한 번 쳐서 쓰러지지 않는다.

= A watched pot never boils over.
자꾸 들여다보는 솥은 결코 끓지 않는다.

When the students complained they were making slow progress and that the math lesson was too difficult, their professor admonished them, "***Rome was not built in a day.***"

complain: 불평하다, 호소하다	Nurses ***complain*** of being overworked and underpaid. 간호사들은 일은 많고 급여는 적다고 불평한다.
progress: 진전, 진척	We are making slow but steady ***progress***. 우리는 느리지만 꾸준한 진전을 보고 있다
admonish: 꾸짖다, 책망하다	***Admonish*** your friends in private; praise them in public. 사적으로 너의 친구를 깨쳐 주라: 여러 사람 앞에서 친구를 칭찬하라.

직역

학생들이 진도가 느리고 수학 수업이 너무 어렵다고 불평하자, 그들의 교수는 "로마는 하루아침에 이루어지지 않았다"고 훈계했다.

의역

학생들이 공부도 잘 안되고 수학이 너무 어렵다고 불평하자 그 교수는 **"첫술에 배부르지 않아(로마는 하루아침에 이루어지지 않았어).**"라고 훈계했다.

속담 의미

"로마는 하루아침에 이루어지지 않았다"는 말은 중요한 작품들을 의미하고, 성취는 시간이 걸린다는 뜻이다. 위대한 것을 창조하기 위해서는 시간이 필요하다. 로마시는 위대한 로마 제국의 수도였다. 로마는 건축의 아름다움으로 유명하다. 그것은 많은 아름다운 건물, 공원, 정원, 분수들을 가지고 있다. 그러나 그 모든 것들은 하룻밤 사이에 지어지지 않았다. 시간과 고된 노동은 어떤 것이든 진정으로 의미 있는 것을 가져오기 위해 필요하다. 결단과 인내에 의해 매일매일 그런 일을 할 수 있다.

매일 쓰는 회화표현

Cash or charge? 현금 지불 인가요, 신용카드로 지불하실 건가요?

= Are you paying in cash or by credit card?
Is it cash or credit card?

Keep the change. 거스름 돈은 그냥 두세요. 잔돈은 가지시오.

= Don't worry about the change.
Here's your tip.

What do you mean? 무슨 말을 하는 거야?

= What do you want?
What are you talking about?

Can I take your order now? 주문하시겠어요?

= Are you ready to order now?

How do you like your egg [beef]? 달걀 [고기]을 어떻게 요리해 드릴까요?

That's it. 그뿐입니다.

= That's the ticket.

That's about it. 대충 그런 정도입니다.

= That's about the size of it.

줄줄 나와야 할 표현

부전자전
Like father, like son.
= A chip off the old block.
Blood will tell.

그들은 불원천리 뉴욕에서 왔다.
They are all the way from New York.

단어 all the way from 불원천리하고, 천 리 길도 멀다고 여기지 않음.

이번 토요일에 우리 집 집들이에 와라.
Will you come to a housewarming (party) this Saturday?

집들이 언제 해?
When is the housewarming party?
= When are you holding a housewarming party?
When will we be invited to your new house?

집 구경시켜 줄게.
I'll show you around my house.
= Let me show you around our house.
Let me give you a tour of my home.
Would you like to take a look around our house?

심화 학습 2

실전유형 문제

빈칸에 가장 알맞은 것을 고르시오.

01. After Ms. Kim left the company, _____ opened a cafe.
(A) she (B) herself (C) her (D) hers

02. Several car makers are experiencing higher demand for _____ products.
(A) they (B) their (C) themselves (D) them

03. Because all the others in the office were very busy, John had to prepare the presentation by _____.
(A) he (B) his (C) himself (D) him

04. A farewell party will be held to honor _____ who will retire this month.
(A) this (B) those (C) that (D) it

05. Passengers were informed that _____ of the cruises are cancelled due to heavy storms.
(A) all (B) what (C) no one (D) much

Unit 05

동사

(Verbs)

기초영어 I Basic English

동사, 변화 무쌍한 카멜레온!

동사는 말 그대로 사람이나 사물의 동작이나 상태를 나타내는 말이다. 동사는 쓰임새에 따라 여러 가지 모습을 취한다.

01 동사의 형태

동사의 형태는 동사원형, 3인칭 단수형, 과거형, 과거 분사형, 현재 분사형으로 나누고, 동사의 종류로는 목적어가 있느냐, 없느냐에 따라 자동사와 타동사로 나눈다.

기본형		동사원형을 쓴다.	turn
3인칭 단수형		• 동사원형에 –s를 붙인다. • '-ch, -s, -sh, -x'로 끝나는 동사 뒤에는 –es를 붙인다. • '자음 + y'로 끝나는 동사는 y를 i 로 고친다	make → mak**es** catch → catch**es** carry → carr**ies**
과거형과 과거 분사형	규칙	• 동사원형에 –ed를 붙인다. • '-e'로 끝나는 동사 뒤에는 -d만 붙인다. • '자음 + y'로 끝나는 동사는 y를 i 로 고치고 -ed를 붙인다. • '단모음 + 자음'으로 끝나는 동사는 마지막 자음을 한 번 더 쓰고 –ed를 붙인다.	pull → pull**ed** change → change**d** try → tr**ied** plan → plan**ned**
	불규칙	• 불규칙적으로 변해서 형태가 완전히 바뀐다. • 바뀌지 않는 것도 있다.	**put - put – put** **come–came–come** **buy–bought–bought** **go –went - gone**
현재 분사형		• 동사원형에 –ing를 붙인다. • '-e'로 끝나는 동사는 e를 빼고 –ing를 붙인다. • '-ie' 끝나는 동사는 '-ie'를 'y'로 바꾸고 –ing를 붙인다. • '단모음 + 자음'으로 끝나는 동사는 마지막 자음을 한 번 더 쓰고 –ing를 붙인다.	check → check**ing** move → mov**ing** lie → l**ying** stop → stop**ping**

동사원형: 현재 시제나 조동사 뒤에 쓴다. 그리고 명령문에도 동사 원형을 쓴다.

We **place** an order every Monday. 우리는 매주 월요일 마다 주문을 한다.

I can **help** you. 내가 도와줄게.

Come here. 이리 오너라.

3인칭 단수형: 주어가 3인칭 단수일 때 쓴다.

Dave **checks** his e-mail frequently. Dave는 이메일을 자주 확인한다.

과거형: 과거의 일을 이야기할 때 쓴다.

Dave **checked** his e-mail last night. Dave는 어젯밤에 이메일을 확인했다.
I **bought** a book yesterday. 나는 어제 책 한 권을 샀다.
I **tried** to do my best. 최선을 다하려고 노력했어요.

과거 분사형: 수동태나 완료 시제에 쓰인다.

be 동사 + 과거분사:
The computer **was repaired** yesterday. <동작을 당하는 입장, '~되다'.>
그 컴퓨터는 어제 수리되었다.

have 동사 + 과거분사:
I **have worked** as a manager since 2018. <동작이 완료된 일 '~했다'>
나는 2018년부터 매니저로 일했다.

현재 분사형: <be 동사 + 현재분사> 형태의 동사는 진행 중인 일을 나타낸다.
<'~하고 있다'>

Merry **is talking** with a customer now. Merry는 지금 고객과 이야기를 나누고 있다.

02 동사의 종류

'나는 뛴다'라는 문장에서 동작의 대상이 나와 있지 않아도 완전한 문장이 된다. 이렇게 '뛴다'처럼 그 자체로 의미가 통해 목적어 없이 쓰는 동사를 자동사라고 부른다. 그러나 '나는 사랑한다'라는 문장은 사랑하는 대상이 누구인지 나와 있지 않아 완전한 문장이 아니다. 이렇게 '사랑한다'처럼 반드시 목적어가 있어야 하는 동사를 타동사라고 한다.

2.1. 자동사

자동사는 주어 뒤에 단독으로 사용될 수 있는 것과 주어의 상태를 설명하는 보어를 가지는 자동사로 구분한다.

2.1.1. 단독으로 사용되는 자동사

단독으로 사용되는 자동사(1형식 자동사)가 쓰이는 문장의 기본구조는 「주어 + 동사」이며 동사 뒤에 목적어나 보어가 이어지지 않는다. 대신, 상황을 보충 설명하는 부사 또는 부사 역할을 하는 전치사구가 뒤에 올 수 있다. 전치사구는「전치사 + 명사」로 이루어진 것이며, 부사처럼 주로 동사를 수식한다.

The flight **arrived**. 비행기가 도착했다.

I **arrived** at the concert early. 나는 콘서트에 일찍 도착했다.

1형식 자동사의 종류

이동	arrive, come, depart, leave, go
존재	be 동사, exist, live, stay
발생	begin, end, happen, occur
증감	decrease, drop, increase, rise
단순 행위	fail, look, succeed, work

2.1.2. 주격 보어를 가지는 자동사

자동사 뒤에 형용사 또는 명사가 위치하면, 그 형용사나 명사는 주어를 보충 설명하는 주격보어 역할을 한다. 목적어가 아닌 이유는 동사의 행위 대상이 아니라 주어와 동격을 이루기 때문이다.

She **became** a doctor. 그녀는 의사가 되었다.

Your proposal **looks** interesting. 당신의 제안은 흥미로워 보입니다.

2형식 자동사 종류

상태 변화	be 동사 ~이다, become ~이 되다, ~한 상태가 되다, look / seem ~하게 보이다, remain ~한 상태로 남아 있다, stay ~한 상태로 있다, grow 점점 ~해지다

2.2. 타동사

타동사는 동사가 나타내는 동작 또는 상태가 영향을 미치는 대상을 가지며, 이것을 목적어라고 한다. 목적어로는 명사, 대명사, to-부정사, 동명사, 명사절이 사용될 수 있으며, '~을/를'로 해석 한다.

2.2.1. 목적어를 하나만 가지는 타동사

목적어를 하나만 가져서 「주어 + 동사 + 목적어」구조를 이룬다.

I **have** the English class today. 나는 오늘 영어 수업이 있다.

Never mind, I'll **find** someone like you. 신경 쓰지 마세요, 제가 당신과 같은 사람을 찾을게요.

We **need** to buy a bigger chair. 우리는 더 큰 의자를 사야 한다.

She **enjoys** listening to music. 그녀는 음악 듣는 것을 즐긴다.

I **believe** that I can fly. 나는 날 수 있다고 믿는다.

2.2.2. 목적어를 두 개 가지는 타동사

사람 목적어(= 간접목적어)와 사물 목적어(= 직접 목적어) 등 두 개의 목적어를 항상 나란히 가지는 타동사들이 있다. 이렇게 목적어를 2개 가져서 「주어 + 동사 + 간접목적어 + 직접 목적어」구조를 이루는데, 이 동사들은 사람에게 사물을 '준다'는 기본 의미를 가지기 때문에 수여 동사라고 부른다.

My aunt **sent** me a book. 이모(고모)는 나에게 책을 보냈다.

Merry **offered** me a piece of cake. Merry는 나에게 케이크 한 조각을 권했다.

그런데 다음과 같이 목적어의 위치를 서로 바꾸어, 간접목적어 앞에 전치사가 새로 추가되어 목적어가 하나인 구조로 바뀌게 된다. 이 전치사는 동사에 따라 달라진다.

He **gave** me a chance. → He gave a chance to me.
그는 나에게 기회를 주었다.

My father **bought** me a book. → My father bought a book for me.
나의 아버지는 나에게 책 한 권을 사 주셨다.

He **asked** me a question. → He asked a question of me.
그는 나에게 질문을 했다.

수여 동사의 종류

수여 동사	award 상을 주다, bring 가져다주다, buy 사주다, give 주다, lend 빌려주다, make 만들어 주다 offer 제공하다 send 보내 주다, teach 가르쳐 주다

2.2.3. 목적어와 목적격 보어를 가지는 타동사

목적어로는 불충분하여 목적어를 설명하는 보어를 동시에 가져야 하는 타동사가 있는데, 이렇게 사용되는 보어를 목적격 보어라고 하며 주로 명사, 형용사, to-부정사, 분사 등이 사용된다.

They **named** their baby Merry. 그들은 아기 이름을 Merry라고 지었다.

I **found** the movie impressive. 나는 그 영화가 인상적이었다는 것을 알았다.

Your help **enabled** me to finish the work on time.
당신의 도움으로 그 일을 제시간에 마칠 수 있었어요.

목적격 보어 종류

appoint ~을 ...로 임명하다, **call** ~라고 부르다 **name** ~을 ...라고 이름을 짓다	+ 목적어 +	명사 보어
consider ~을 ...라고 여기다, **deem** ~을 ...라고 생각하다 **find** ~을 ...라고 생각하다, **keep** ~을 계속...하다 **make** ~을 ...로 만들다		형용사 보어
advise ~에게 ...하도록 조언하다, **allow** ~가 ...하도록 허용하다 **ask** ~에게 ...하도록 요청하다, **enable** ~가 ...할 수 있게 하다 **encourage** ~에게 ...하도록 권고하다, **recommend** ~에게 ...하도록 권하다, **require** ~에게 ...하도록 요구하다		to-부정사 보어

03 발음 연습

[z] 소리를 연습해 보세요.

zed/jet	zoo/Jew	Z/G	Zeus/juice	gaze/gage	zip/sip
visa	easel	desert	crazy	lazy	busy

Easy come, **easy** go.
쉽게 얻은 것은 쉽게 잃는다.

We drove on in **zero** visibility.
우리는 가시거리도 없이 계속 운전했다.

He **zipped** his jeans up.
그는 청바지의 지퍼를 올렸다.

I spent the summer visiting **zoos**, parks, and beaches.
나는 동물원, 공원, 해변을 방문하며 여름을 보냈다.

Her **eyes** were wide with **amazement**.
그녀는 놀라서 눈이 휘둥그레졌다.

위의 소리를 다음 팝스 영어에서 확인하며 불러보세요.

04 팝스 영어

Vincent

Sung by Don McLean

Starry, starry night.
Paint your palette blue and grey,
Look out on a **summer's** day,
With eyes that know the darkness in my soul.
Shadows on the hills,
Sketch the **trees** and the **daffodils**,
Catch the **breeze** and the winter **chills**,
In **colors** on the snowy linen land.

Now I understand
What you tried to say to me,
And how you suffered for your sanity,
And how you tried to set them free.
They would not listen, they did not know how.
Perhaps they'll listen now.

Starry, starry night.
Flaming **flowers** that brightly **blaze**,
Swirling **clouds** in violet **haze**,
Reflect in Vincent's **eyes** of China blue.
Colors changing hue,
Morning fields of amber grain,
Weathered faces lined in pain,
Are soothed beneath the artist's loving hand.

Now I understand
What you tried to say to me
And how you suffered for your sanity
And how you tried to set them free.
They would not listen, they did not know how.
Perhaps they'll listen now

For they could not love you,
But still your love was true.
And when no hope was left in sight
On that starry, starry night,
You took your life, as **lovers** often do.
But I could have told you, Vincent,
This world **was** never meant for one
As beautiful **as** you.

Starry, starry night.
Portraits hung in empty **halls**
Frameless heads on nameless **walls**,
With **eyes** that watch the world and can't forget
Like the **strangers** that you've met,
The ragged men in the ragged clothes
The silver thorn of a bloody **rose**,
Lie crushed and broken on the virgin snow

Now I think I know
What you tried to say to me
And how you suffered for your sanity
And how you tried to set them free.
They would not listen, they're not listening still
Perhaps they never will...

어휘

1. look out: 밖을 내다보다; 조심하다, 주의하다

   Look out! = Watch out! Be careful!

2. snowy linen land

   linen은 아마, 아마포. 침대보나 손수건, 테이블보 등을 총칭하는 말.

   여기서 'snowy linen land'는 직역하면 '눈처럼 흰 천의 땅'이라고 할 수 있는데,

   그림을 그리는 캔바스, 즉 화포를 의미한다.

3. weather: 햇빛[비바람]에 변하다[변하게 하다]

   This brick ***weathers*** to a warm pinkish-brown colour.
   이 벽돌은 햇빛에 변색이 되면 분홍빛이 도는 따뜻한 갈색이 된다.

4. soothe: (마음을) 달래다[진정시키다]

   The music ***soothed*** her for a while. 그 음악이 그녀를 한동안 달래 주었다

5. set free: 자유롭게 하다, 석방하다

   I went fishing yesterday. I caught some fish, but I ***set*** them ***free***.
   어제 낚시 갔는데요. 물고기를 몇 마리 잡았지만 모두 놓아줬습니다.

6. in sight: 눈에 보이는, 눈에 보여

   The goal is ***in sight***. 목표가 눈에 보입니다.

가사 해석

별이 초롱초롱한 밤
파랑, 회색으로 팔레트를 물들이고
여름날,
내 영혼의 어두운 면을
궤뚫는 눈으로 밖을 바라봐요
언덕에 드리운 그림자,
나무와 수선화를 스케치하고
눈처럼 하얀 리넨 캔버스에
미풍과 겨울의 싸늘함을
색깔로 그려내요

당신이 뭘 말하려 했는지
난 이제 알 것 같아요
온전한 정신은 찾으려

당신이 얼마나
고통스러워 했는지,
사람들을 자유롭게 하려고
얼마나 노력했는지. 사람들은
들으려 하지 않았죠 어떻게 듣는지도 몰랐죠
아마도 지금은 귀기울일 거에요

별이 초롱초롱 빛나는 밤
파랑, 회색으로 팔레트를
물들이고
여름날,
내 영혼의 어두운 면을
꿰뚫는 눈으로 밖을 바라봐요
언덕에 드리운 그림자,
나무와 수선화를 스케치하고
눈처럼 하얀 리넨 캔버스에
미풍과 겨울의 싸늘함을
색깔로 그려내요

당신이 뭘 말하려 했는지
난 이제 알 것 같아요
온전한 정신은 찾으려
당신이 얼마나
고통스러워 했는지,
사람들을 자유롭게 하려고
얼마나 노력했는지. 사람들은
들으려 하지 않았죠 어떻게 듣는지도 몰랐죠
아마도 지금은 귀기울일 거에요

그들은 당신을 사랑할 수
없었기에, 하지만
당신의 사랑은 여전히 진실했죠
그리고 아무런 희망도
남지 않은 별이 총총한 밤
연인들이 그러듯이
당신도 목숨을 끊어버렸죠
하지만 난 당신께 이렇게
말했어야 했어요
이 세계는 당신과 같이 아름다운 사람에게는
어울리지 않는 것이었답니다

별이 초롱초롱 빛나는 밤
밝게 타오르는 듯
활짝 피어난 꽃과

보랏빛 안개속에
소용돌이치는 구름이
빈센트의 파아란
눈망울에 비쳐요
곡식이 익는 황금빛의
아침 들판으로 색은 바뀌고,
고통으로 주름진 지친 얼굴은
예술가의 사랑스런 솜씨로
위로 받아요

이젠 알 것 같아요
당신이 뭘 말하려 했는지
온전한 정신을 갈구하며
얼마나 괴로워 했고
사람들은 자유롭게 하려고
얼마나 노력했는지
사람들은 들으려 하지 않았죠
지금도 귀기울지 않고,
어쩌면 앞으로도 그럴테죠.

연습문제

A. 다음 괄호 안의 단어 중 알맞은 것을 고르세요.

01. He (need / needs) some time.

02. We (go / goes) fishing once a month.

03. John doesn't (have has) a house.

04. Horses (like / likes) carrots.

05. He an I (believe / believes) you.

06. We (got / get) here last week.

07. Did you (went / go) there last month?

08. Jim (slept / sleeps) over at his friend's house last night.

09. Sandra (visited / visits) her mother every Sunday.

10. Claire did not (took / take) bus to go to the shopping mall.

B. 다음 문장에서 동사를 찾아 밑줄을 친 후 완전자동사인지 불완전자동사인지 말하세요.

01. I sing very well.

02. Steve arrived at the park.

03. The problem remains out of control.

04. The tie looks good on you.

05. The snow falls fast.

06. Finally my dream came true!

C. 다음 문장에서 동사를 찾아 밑줄을 친 후 자동사인지 타동사인지 말하세요.

01. He showed me his passport.

02. Does this train stop at Daejeon Station?

03. We now have some breaking news.

04. Don't break our promise, please.

05. Daniel put some sugar in his coffee.

06. His face turned red because of a high fever.

D. 다음 괄호 안의 단어 중 알맞은 것을 고르세요.

01. Let me (took / take) you to a fancy restaurant.

02. Don't expect her (to be / being) on time.

03. He makes me (feel / feeling) comfortable.

04. The guard asks me (stands/ to stand) in line.

05. These gloves will keep your hands (warm / warmly).

06. Please allow me (to demonstrate / demonstrates) it.

심화 학습 1

오늘의 속담

A rotten apple spoils the (whole) barrel.

?It is one eel that dirties the whole well.
한 마리 뱀장어가 온 우물을 더럽게한다.

= One scabbed sheep mars the whole flock.
옴이 옮은 양 한 마리가 양 떼 전체를 망친다.

= One ill weed spoils the whole of pottage.
나쁜 잡초 하나가 수프 전체를 망친다.

= The rotten apple spoils his companion.
썩은 사과는 그의 동료를 망친다.

= The rotten apple injures its neighbors.
썩은 사과는 이웃을 다치게 한다.

A rotten apple spoils the barrel as Professor Kim learned when an unruly student had a bad influence on the other students and disrupted the whole class.

rotten: 형편없는, 끔찍한
She's a ***rotten*** singer.
그녀는 형편없는 가수이다[노래를 지독하게 못한다].

barrel: (목재, 금속으로 된 대형) 통
This ***barrel*** holds 25 liters.
이 통에는 25리터가 들어간다.

unruly: 다루기 힘든, 제멋대로 구는
His ***unruly*** conduct is getting worse and worse.
그의 난행이 점점 더한다.

influence: 영향, 영향력
Those friends are a bad ***influence*** on her.
그 친구들이 그녀에게 나쁜 영향을 준다.

disrupt: 방해하다, 지장을 주다

A stroke can ***disrupt*** the supply of oxygen to the brain.
뇌졸중은 두뇌로 산소가 공급되는 것에 지장을 초래할 수 있다.

직역

버릇없는 학생이 다른 학생에게 나쁜 영향을 끼쳐 전교생을 교란시켰을 때 김 교수가 알게 된 것처럼 썩은 사과가 통을 망친다.

의역

김 교수는 어떤 불량 학생 하나가 다른 학생들에게 악영향을 끼쳐 학급 전체를 망쳐 놓자 비로소 "**미꾸라지 한 마리가 온 웅덩이를 흐려 놓는다(썩은 사과 하나가 통 전체를 망친다).**"는 말의 의미를 깨닫게 되었다.

속담 의미

미꾸라지 한 마리가 흙탕물을 일으켜서 웅덩이의 물을 다 흐리게 한다는 말로, 한 사람의 못된 행동이 그 집단 전체나 여러 사람에게 나쁜 영향을 미친다는 뜻이에요. 미꾸라지(loach)란 "실제 공간에서든 가상공간에서든, 다른 사람은 전혀 생각하지 않고 그 공간이 전부 자기 것인 양, 자기하고 싶은대로 여기저기 다 쑤시고 다이면서 전체 물을 흐려놓는 나쁜사람"을 가리킨다.

매일 쓰는 회화표현

I've had enough. I'm full already. 많이 먹었습니다. 배가 부릅니다.
= I've had plenty.
I'm stuffed.

I'll tell you something. 그런데 말야. [있잖아.]
= By the way.
You know.

I'm getting too fat. I'm on a diet. 살이 너무 찌고 있어. 다이어트 중이야.
= I'm gaining too much weight.
I watch what I eat.

Here or to go? 여기서 드실 건가요, 가지고 가실 건가요?
= Is this for here or to go?
Is it to go or are you going to eat here?

Take it easy. [Take care.] 진정해. 건강해[조심해]
= Take a deep breath.
Relax a bit.
Good-bye.
Bye.

줄줄 나와야 할 표현

Tom! 내려와라.
Tom, come down.

내려갑니다.
I'm coming down.

버스가 콩나물시루처럼 혼잡하다.
The bus is packed like a can of sardines. (버스가 정어리 통조림처럼 꽉 차 있다.)

The bus was full. The passengers were packed like sardines.
버스는 만원이라, 승객들은 콩나물시루처럼 꽉 채워진 상태였다.

류현진! 잘한다!
Way to go! Rue!
= Cheer up! Rue!

식대를 각자 부담하자.
Let's go Dutch.

내가 살게.
I'll foot the bill.
= I will pay.
I will get the bill.
Soju is on me.

심화 학습 2

실전유형 문제

빈칸에 가장 알맞은 것을 고르시오.

01. John usually _____ time training a new workers on Monday.
(A) spending (B) spends (C) spend (D) to spend

02. Merry _____ this company 30 years ago.
(A) establish (B) will establish (C) established (D) establishes

03. Our customer service department always _____ promptly to any problems.
(A) solves (B) answers (C) reacts (D) contacts

04. The restaurants always _____ customers the best menus in the area.
(A) arrives (B) offers (C) buys (D) brings

05. The CEO asked Ms. Kim _____ a speech at the conference.
(A) gave (B) to give (C) gives (D) giving

Unit 06

동사의 특성

– 시제(Tense), 일치(Agreement), 태(Voice)

기초영어 I Basic English

동사는 언제 행동이 이루어졌는지에 따라 형태 변화(=**시제 변화**)를 한다. 또한, 동사는 주어(=행위자)의 수에 맞추어 형태 변화(=**수 일치**)하고, 주어(=행위자)와 행위 대상 사이의 관계에 따른 형태 변화(=**능동태/수동태**)도 한다.

01 시제

시제, 시간에 따라 변하는 동사의 모습!

편지를 **쓴다**. 편지를 **썼다**. 편지를 **쓸 것이다**.

동사 '쓴다'는 '썼다', '쓸 것이다' 등 시간의 변화에 따라 다양하게 나타낼 수 있다. 이처럼 동사의 형태를 바꾸어 어떤 행동이나 사건을 시간의 흐름에 따라 표현할 수 있는데, 이를 시제라고 한다. 영어 문장에서 가장 기본적으로 현재, 과거, 미래를 나타내는 단순 시제와 당시 벌어지고 있는 일을 나타내는 진행시제, 시점과 시점을 잇는 완료 시제가 있다.

1.1. 단순 시제

나는 종종 야구장에 **간다**. 어제도 **갔었다**, 다음 주에도 **갈 것이다**.

종종 야구장에 가는 습관은 '간다'로 어제 야구장에 갔던 일은 '갔었다'로, 그리고 다음 주에 갈 예정은 '갈 것이다'로 표현한다.

단순 시제는 특정한 시간에 발생한 일이나 상태를 나타내는 시제로 다음과 같이 크게 3가지로 나뉜다.

현재	동사원형 + -(e)s	Mr. Lee **watches** movies. Mr. Lee는 영화를 본다.
과거	동사원형 + -ed	Mr. Lee **watched** a movie last month. Mr. Lee는 지난달에 영화를 보았다.
미래	will/be going to + 원형	Mr. Lee **will watch** a movie next week. Mr. Lee는 다음 주에 영화를 볼 것이다.

1.1.1. 현재: 동사원형 또는 동사원형 + -(e)s

불변의 진리, (일정 기간) 변함없는 사실, 습관, 반복을 나타내는 경우에 쓴다. 또한, 시간이나 조건의 부사절에서는 미래시제 대신에 현재시제를 쓴다.

현재시제와 함께 쓰는 말, 시간이나 조건의 부사절을 이끄는 접속사

현재시제와 함께 쓰는 말	always 항상, frequently 자주, often 종종, usually 보통, generally 일반적으로, regularly 정기적으로 every day[week, month, year] 매일[주, 월, 년]	
시간이나 조건의 부사절을 이끄는 접속사	시간	after, as soon as, before, by the time, when, while
	조건	as long as, if, once, unless

The earth **moves** round the sun. 지구는 태양 주위를 돈다.

My grandparents **live** in Los Angeles. 나의 조부모님은 로스앤젤레스에 사신다.

He **plays** tennis every Sunday. 그는 일요일마다 테니스를 친다.

John usually **leaves** the office at 6:30. John은 보통 6시 30분에 퇴근한다.

When I **get** home from work, I'll call you. 퇴근하고 집에 도착하면 전화할게요.

Once you **finish** the report, please let me know. 보고서가 완성되면 저에게 알려주세요.

1.1.2. 과거: 동사원형 + -(e)d

과거에 일어난 일이나 과거의 동작, 상태를 표할 때 쓴다. 특히 다음과 같은 표현은 과거 시제와 함께 자주 쓰인다.

시간 표현 + ago ~전에	last + week/month/year 지난주/달/해
in + 과거 연도 ~년에	previously 이전에
recently 최근에	yesterday 어제

He **played** tennis yesterday. 그는 어제 테니스를 쳤다.

We **hired** temporary workers last month. 우리는 지난달에 임시직 근로자들을 고용했다.

Merry said that World War II **broke out** in 1939.
Merry는 제2차 세계 대전이 1939년에 발발했다고 말했다.

The bank **opened** a new branch two months ago.
그 은행은 두 달 전에 새 지점을 열었다.

1.1.3. 미래: will[be going to] + 동사원형

앞날에 대한 추측이나 의지, 계획 등을 표현할 때 쓴다. 특히 다음과 같은 표현은 미래시제와 함께 자주 쓰인다.

as of / effective + 미래 시점 ~부터	by / until + 미래 시간 표현 ~까지
in the near future 가까운 미래에	next + week/month/year 다음 주/달/해
this coming Monday 다가오는 월요일에	soon/ shortly 곧
tomorrow 내일	

I **will be** home by 9:30. 나는 9시 30분까지 집에 도착할 것이다.

Mr. Lee **will attend** the workshop next week.
Mr. Lee는 다음 주에 워크숍에 참석할 것이다.

John **will be** back shortly. John은 곧 돌아올 것이다.

He **will play** tennis tomorrow. 그는 내일 테니스를 칠 것이다.

1.2. 진행시제

어제 야구장에 갔을 때 원정 유니폼을 **팔고 있었다**. 지금 그걸 사러 **가는 중이다**.

어떤 시점에 진행 중인 동작이나 사건은 진행시제로 표현한다.

주어진 시점에서 움직임이 계속 진행 중임을 나타내는 시제로 다음과 같이 크게 3가지로 나뉜다.

현재진행	am/is/are + -ing	Merry **is reading** a report. Merry는 보고서를 읽고 있다.
과거진행	was/were + -ing	Merry **was reading** a report yesterday. Merry는 어제 보고서를 읽고 있었다.
미래진행	will be + -ing	Merry **will be reading** a report tomorrow. Merry는 내일 보고서를 읽고 있을 것이다.

1.2.1 현재진행: am/is/are + -ing

현재 시점에 진행되고 있는 일을 표현할 때 쓰며, now, currently, presently, at the moment 등과 함께 쓴다.

John **is playing** tennis now. John은 지금 테니스를 치고 있다.

Merry **is** currently **attending** the workshop. Merry는 현재 워크숍에 참석 중이다.

1.2.2. 과거진행: was/were + -ing

특정한 과거 시점에 진행되고 있었던 일을 표현할 때 쓴다.

John **was playing** tennis when I called him at 5 yesterday.
내가 어제 5시에 그에게 전화했을 때 John은 테니스를 치고 있었다.

I **was doing** my homework at 9 last night.
나는 어젯밤 9시에 숙제를 하고 있었다.

1.2.3. 미래진행: will be + -ing

특정한 미래시점에 진행되고 있을 일을 표현할 때 쓴다.

I **will be flying** to London tomorrow morning.
나는 내일 아침 비행기로 런던에 갈 것이다.

We **will be displaying** a new line of furniture next week.
우리는 다음 주에 새로운 가구 라인을 전시할 것입니다.

1.3. 완료시제

작년부터 나는 싸인 볼을 **모아왔다**.
이번 달 말이면 나의 1년 수집계획은 끝나**게 될 것이다**.

작년부터 현재까지 계속된 경우 '~해 왔다'를 현재나 과거부터 지속되던 동작이 미래 어떤 시점에 끝날 경우 '~하게 될 것이다'라고 쓴다.

이전에 시작했던 일이 말하고 있는 그 시점까지 계속해서 영향을 미치고 있음을 나타내는 시제가 바로, 완료시제이다.

1.3.1. 현재완료: have[has] + p.p.

[계속] 과거의 일이 지금까지 계속되는 경우로 for, since 등과 함께 쓰임.

I **have worked** for this company since 2010. 저는 2010년부터 이 회사에서 일해왔습니다.

She **has lived** in Seattle for 5 years. 그녀는 시애틀에 5년 동안 살고 있다.

[경험] 과거부터 현재까지 어떤 일을 경험한 적이 있는 경우로 never, before, ever 등과 함께 쓰임.

He **has** never **been** abroad. 그는 한 번도 외국에 나가 본 적이 없다.

[완료] 과거에 시작한 일을 막 마친 경우로 just, already 등과 함께 쓰임.

I **have** just **arrived** at the airport. 나는 방금 공항에 도착했다.

[결과] 과거에 생긴 일의 결과가 지금도 계속되는 경우

I **have lost** my key. → 과거에 열쇠를 잃어버렸는데 지금까지 찾지 못하고 있다는 의미
열쇠를 잃어버렸어요.

1.3.2. 과거완료: had + p.p.

과거를 기준으로 그 과거 이전에 일어난 일을 표현할 때 쓴다. <before + 주어 + 동사의 과거형> 또는, <by the time + 주어 + 동사의 과거형>과 함께 쓰임.

Before I arrived at the airport, I **had confirmed** my flight reservation.
공항에 도착하기 전에 나는 비행기 예약을 확인했었다.

1.3.3. 미래완료: will have + p.p.

과거의 어떤 사건이나, 동작이 미래의 특정한 시점까지 완료될 것임을 말할 때 쓰며, 주로 <by + 미래시점>, <by the time + 주어 + 동사의 현재형>과 함께 쓰임.

He **will have played** tennis 30 times by next month.
그는 다음 달까지 30번 테니스를 칠 것이다.

By the time he retires, he **will have worked** for 20 years.
그가 은퇴할 때쯤이면, 그는 20년 동안 일하게 될 것이다.

02 주어와 동사의 수 일치

수 일치란 동사가 주어를 따라가는 것!

A monkey **sings**. Monkeys **sing**.

주어가 단수인 a monkey일 때는 동사도 단수인 sings를 쓰고, 주어가 복수인 monkeys일 때에는 동사도 복수인 sing을 쓴다. 수 일치란 현재 시제일 경우 주어와 동사의 수를 일치시키는 것을 말한다.

2.1. 단수 주어와 복수 주어란 무엇인가?

단수 주어란 하나의 사람이나 사물이 주어인 경우를 말하며, 앞에 부정관사 a/an을 붙인다. 반면 복수 주어는 둘 이상의 사람이나 사물이 주어인 경우를 말하며 뒤에 -(e)s를 붙인다.

A hotel is near the airport. 공항 근처에 호텔이 있다.
Teachers give advice on travelling overseas. 선생님들은 해외여행에 대해 조언을 해준다.

2.2. 단수 동사와 복수 동사란 무엇인가?

단수 동사란 단수 주어가 나올 때 쓰는 동사로 동사원형에 -(e)s를 붙인 3인칭 단수형을 쓰고, 복수 동사는 복수 주어가 나올 때는 동사원형 그대로 쓴다. 그러나 단수 동사와 복수 동사의 구분은 현재형일 때에만 해당되고, 과거형의 경우는 동일하다.

The product **sells** well. 그 상품은 잘 팔린다.
Workers **plan** to strike. 근로자들은 파업을 계획하고 있다.

2.3. 단수 주어와 단수 동사의 수 일치

The company **intends** to open a local branch. 그 회사는 현지 지점을 열 작정이다.
The furniture **arrives** fully assembled. 그 가구는 완전히 조립되어 도착한다.
Watching a soccer game **gets** me excited. 축구 경기를 보는 것이 나를 흥분시킨다.

That John will leave **is** shocking. John이 떠난다는 것은 충격적이다.

Each house **has** two bedrooms. 각 집에는 두 개의 침실이 있다.

Every employee **pays** income taxes. 모든 직원들은 소득세를 낸다.

2.4. 복수 주어와 복수 동사의 수 일치

The students **expect** the weather will be fine. 학생들은 날씨가 좋을 것이라고 기대한다.

Jack and I **are taking** an accounting class. Jack과 나는 회계 수업을 듣고 있다.

Several books **are** on the desk. 책 몇 권이 책상 위에 있다.

Many workers **commute** to work by bus. 많은 근로자들이 버스로 통근한다.

A few machines **need** maintenance. 몇 대의 기계는 정비가 필요하다.

2.5. 주의해야 할 주어와 동사의 수 일치

주어와 동사 사이에 수식어가 온 경우 수식어는 주어와 동사의 수 일치에 전혀 영향을 주지 않는다.

Getting letters [from my friends] **makes** me happy.
친구들에게 편지를 받는 것은 나를 행복하게 한다.

The paintings [at the museum] **attract** many tourists.
그 그림들은 많은 관광객들을 끌어들인다.

of the 뒤의 명사가 단수이면 단수 주어로 취급되어 단수 동사가 오고, of the 뒤의 명사가 복수이면 복수 주어로 취급되어 복수 동사가 온다.

Most of the water **was dried up** in the lake. 대부분의 물이 호수에서 말라버렸다.

Some of the firms **disagree** with policy. 일부 회사들은 정책에 동의하지 않는다.

The rest of papers **are** in the drawer. 나머지 서류들은 서랍 안에 있다.

03 태

관점의 차이를 나타내는 태!

철수가 컴퓨터를 **고쳤다**. (능동태)　　　컴퓨터가 **고쳐졌다**. (수동태)

'철수가컴 퓨터를 고쳤다'라는 문장처럼 주어가 행위 주체가 되는 것을 **능동태**라고 하고, 두 번째 문장 '컴퓨터가 고쳐졌다.'처럼 주어가 다른 대상으로부터 행위를 당하는 것을 수동태라고 한다.

3.1. 능동태 문장을 수동태 문장으로 어떻게 바꾸나?

능동태 문장	He ③	fixed ②	the computer. ①
수동태 문장	The computer	was fixed	by him.

① 목적어 the computer가 주어 자리로 온다.
② 동사 fixed를 주어와 수와 시제에 맞게 was fixed로 바꾼다.
③ 주어 He를 'by + 목적격'인 by him으로 바꾼다.

3.2. 수동태의 형태

현재 과거 미래	am/is/are + p.p. was/were + p.p. will be + p.p.	A letter **is written** by her. 편지는 그녀에 의해 쓰여진다. A letter **was written** by her. 편지는 그녀에 의해 쓰여졌다. A letter **will be written** by her. 편지는 그녀에 의해 쓰여질 것이다.
현재진행 과거진행	am/is/are + being + p.p. was/were + being + p.p.	A letter **is being written** by her. 편지는 그녀에 의해 쓰여지고 있다. A letter **was being written** by her. 편지는 그녀에 의해 쓰여지고 있었다.

현재완료 **과거완료** **미래완료**	have/has + been + p.p. had + been + p.p. will have been + p.p.	A letter **has been written** by her. 편지는 그녀에 의해 쓰여졌다. A letter **had been written** by her. 편지는 그녀에 의해 쓰여졌었다. A letter **will have been written** by her. 편지는 그녀에 의해 쓰여졌을 것이다.

3.3. 능동태와 수동태 구별 방법

동사 자리에 능동태가 오느냐 수동태가 오느냐는 동사 뒤의 목적어 유무에 따라 결정된다. 동사 뒤에 목적어가 있으면 능동태, 동사 뒤에 목적어가 없으면 수동태가 온다.

He **checked** the guest list. 그는 손님 명단을 확인했다.

Mr. James **insists** that he is innocent. Mr. James는 그가 결백하다고 주장한다.

The investigation **was conducted** by Ms. Murphy.
그 조사는 Ms. Murphy에 의해 수행되었다.

The résumé **should be submitted** within a week. 이력서는 일주일 이내에 제출해야 한다.

3.4. 수동태의 짝 표현

by가 아닌 다른 전치사와 함께 쓰는 수동태 표현

3.4.1. 전치사 in과 함께 쓰는 수동태 표현

be engaged in ~에 종사하다, 관여하다 **be interested in** ~에 관심이 있다
be involved in ~에 관련되다

John **is engaged in** cancer research. John은 암 연구에 종사하고 있다.

He **was involved in** the accident. 그는 그 사고에 연루되었다.

3.4.2. 전치사 to와 함께 쓰는 수동태 표현

be dedicated to ~에 헌신하다 **be exposed to** ~에 노출되다
be related to ~에 관계가 있다

The secret **was exposed to** the media. 그 비밀은 언론에 폭로되었다.

The work environment **is related to** productivity. 작업 환경은 생산성과 관련이 있다.

3.4.3. 전치사 at과 함께 쓰는 수동태 표현

be frightened at ~에 놀라다
be surprised at ~에 놀라다
be shocked at ~에 충격을 받다

We **were surprised at** his behavior. 우리는 그의 행동에 놀랐다.

The writer **was shocked at** the criticism. 비평에 작가는 충격을 받았다.

3.4.4. 전치사 with와 함께 쓰는 수동태 표현

be (dis)satisfied with ~에 (불)만족하다
be pleased with ~에 기뻐하다
be equipped with ~을 갖추고 있다

We **are pleased with** the recent sales increase. 우리는 최근의 판매 증가에 만족한다.

Each room **is equipped with** basic furniture. 각 방마다 기본 가구가 구비되어 있다.

04 발음 연습

[ʃ] 소리를 연습해 보세요.

shoe/sue	shy/sigh	shin/sin	ship/sip	shell/sell
shelf/self	shore/sore	shower/sour	shake/sake	bush/bushy
crash	dish	English	cash box	push-button

She sells **seashells** on the **seashore**.
그녀는 바닷가에서 조개껍질을 판다.

He gave his **shoes** a good **shine**.
그는 구두를 잘 닦았다.

It was the greatest **shock** to the **English establishment** in decades.
수십 년 만에 영국 사회에 가장 큰 충격이었다.

I'll **shave** and **shower** and then have some coffee.
면도하고 샤워하고 커피 마실게요.

Sally can **distinguish** a slim **shape** in a short white dress.
Sally는 짧은 흰색 드레스를 입으면 날씬한 모양을 구별할 수 있다.

위의 소리를 다음 팝스 영어에서 확인하며 불러보세요.

05 팝스 영어

Perhaps Love

Sung by Placido Domingo & John Denver

Perhaps love is like a resting place,
A **shelter** from the storm.
It exists to give you comfort.
It is there to keep you warm.
And in those times of trouble when you are most alone,
The memory of love will bring you home.

Perhaps love is like a window,
Perhaps an open door.
It invites you to come closer.
It wants to **show** you more.
And even if you lose yourself and don't know what to do,
The memory of love will see you through.

Oh, love to some is like a cloud,
To some as strong as steel,
For some a way of living, for some a way to feel.

And some say love is holding on.
And some say letting go.
And some say love is everything.
And some say they don't know.

Perhaps love is like the **ocean**
Full of conflict full of pain,
Like a fire when it's cold outside
Thunder when it rains.

If I **should** live forever
And all my dreams come true,
My memories of love will be of you.

And some say love is holding on.
And some say letting go.
And some say love is everything.
And some say they don't know.

Perhaps love is like the **ocean**
Full of conflict full of pain,
Like a fire when it's cold outside
Thunder when it rains.
If I **should** live forever
And all my dreams come true,
My memories of love will be of you.

어휘

1. resting place: (영혼의) 안식처, 휴식처, 무덤

   Han River serves as a ***resting place*** for the citizens of Seoul.
   한강은 서울 시민의 휴식처가 되고 있다.

2. invite sombody to + 동사: ~하도록 초대하다

   He i***nvited me to come*** tomorrow. 그는 나에게 내일오라고 초대했다.

   invite sombody to + 동사: (어디)로 초대하다

   I'd like to ***invite you to the party***. 나는 너를 파티에 초대하고 싶다.

3. see sombody through: ~를 도와[견디게 해] 주다/~가 ~을 나도록[견디도록] 해 주다

   Her courage and good humour ***saw her through***.
   그녀의 용기와 유머 감각이 그녀를 견디게 해 주었다.

4. be like: (주어)는 ~와도 같다, 마치 ~같다

   She ***is like*** the wind. 그녀는 바람과도 같아요.

   This house **is like** a palace. 이 집은 마치 궁전과도 같아요.

가사 해석

아마도 사랑은 안식처와 같아요
폭풍우를 피하는 은신처와 같은 것
사랑은 당신께 위안을 주고
사랑은 포근히 감싸줍니다.
그리고 당신이 가장 외로워하는
그런 어려움에 처해 있을 때
사랑의 기억으로 당신은 편안해 질 겁니다.

아마도 사랑은 창문과 같고
어쩌면 열린 문과 같은 것
사랑은 당신께 좀 더 가까이 오라하고
사랑은 더 많은 걸 보여주려고 합니다.

당신이 길을 잃고
어떻게 해야 할지 모를지라도
사랑에 대한 기억으로
당신은 길을 찾게 될 겁니다.

어떤 이에게 사랑은 구름과 같고
어떤 이에게는 강철처럼 단단하기도 하죠
어떻게 보면 삶의 방식이고
어떻게 보면 느낌입니다.

사랑은 붙잡고 늘어지는 것이라고 하고
누군가는 보내주는 것이라고 하죠
어떤 이는 사랑이 전부라고 하고
뭔지 모르겠다고 말하는 사람도 있습니다

어쩌면 사랑은 갈등과 아픔으로
가득 찬 바다와 같은 것
추울 날씨엔 불과 같고
비가 내릴 땐 천둥 같은 겁니다.

내가 영원히 살게 되어
꿈이 이루어진다면
내 사랑의 기억은 오직 당신일 겁니다.

사랑은 붙잡고 늘어지는 것이라고 하고
누군가는 보내주는 것이라고 하죠
어떤 이는 사랑이 전부라고 하고
뭔지 모르겠다고 말하는 사람도 있습니다

연습문제

A. 다음 괄호 안의 단어 중 알맞은 것을 고르세요.

01. Banks (will open / open) at 9 every morning.

02. Tom often (skips, will skip) his promise.

03. He said that World War II (breaks / broke) out in 1939.

04. Our family (went / go) to Paris last month.

05. Mr. Lee (attends / will attend) the workshop next week.

06. When you (meet, will meet) Tom next month, please give him this bag.

07. He is currently (attended / attending) the workshop.

08. The water (is boiling, boils) now.

09. I (do / was doing) my homework at 9 last night.

10. Tomas (was meeting / meets) his boss in a cafe when I called him this morning.

11. I (fly / will fly) to London tomorrow morning.

12. Mr. Kim (will be working / is working) in his office at 3 tomorrow.

13. I (have known / knew) Ms. Lee since she was a child.

14. We (have lived / lived) in London for three years.

15. After she (takes / had taken) shower, Miss Kim went to school.

16. I realized that I (had lost / lose) my key.

17. By the time he arrives, I (have finished / will have finished) the repairs.

18. By next week, I (will have read / have read) the book 10 times.

B. 다음 괄호 안의 단어 중 알맞은 것을 고르세요.

01. This restaurant (serve / serves) delicious salads.

02. All students (is / are) studying English very hard.

03. Mike and his sister (is / are) nice.

04. You and your girlfriend (go / goes) to church on Sundays.

05. The location of the award ceremonies (is / are) secret.

06. The girl playing with dogs (is / are) my cousin.

07. Studying English alone (is / are) not easy.

08. Being polite (is / are) important when you meet clients.

09. My sister, who (live / lives) in New York, has three children.

10. I like that girl who (is /are) singing a song now.

C. 다음 괄호 안의 단어 중 알맞은 것을 고르세요.

01. The president (respected / is respected) by all the employees.

02. Ted (wounded / was wounded) in the factory.

03. Your sister (has seen / has been seen) at the party.

04. All my friends will (invite / be invited) to my housewarming party.

05. A book (gave / was given) to me yesterday.

06. Nancy (elect /was elected) chairman.

07. The construction of the building is (amazing / amazed).

08. The restaurant always makes our family (satisfactory / satisfied)

심화 학습 1

오늘의 속담

You can't get blood from a turnip.

?Take the liver out of the flea and eat it.
벼룩에서 간을 빼서 먹는다. 모기 다리에서 피 뺀다. 참새 앞정강이를 긁어 먹는다.

= You can't get blood from a stone.
돌에서 피를 추출할 수 없다.

= You can't get honey from a rock.
바위에서 꿀을 얻을 수 없다.

The landlord informed the Johns that the rent would be raised 10% starting next month, knowing full well that the Johns had financial difficulties. ***You can't get blood from a turnip.***

landlord: 집주인	The ***landlord*** was willing to accept us as tenants. 집주인이 기꺼이 우리를 세입자로 받아 주었다.
rent: 집세, 방세, 지대, 임차료	She agreed to ***rent*** me the room. 그녀는 내게 그 방을 세 놓겠다고 했다
financial: 금융[재정]의	***Financial*** worries cost her many sleepless nights. 재정적인 걱정으로 그녀는 수많은 불면의 밤을 보내야 했다.
turnip: 순무	Normally, a ***turnip*** is small and light. 보통, 순무는 작고 가볍다.

직역

집주인은 John 부부가 경제적으로 어려움을 겪고 있다는 것을 충분히 알고 다음 달부터 집세를 10% 인상할 것이라고 John 부부에게 알렸다. 순무에서 피를 얻을 수 없다.

의역

집주인은 John 부부에게 다음 달부터 집세를 10%를 올린다고 통보했다. John 부부가 재정적인 어려움을 겪고 있다는 사실을 잘 알면서도 말이다. **차라리 벼룩의 간을 빼먹지(여린 순무로부터 피를 빨 수는 없다).**

속담 의미

벼룩이라는 곤충은 아주 작아서 간이 있는지 없는지도 모를 그런 작은 곤충입니다 그 벼룩의 간을 빼 먹는다면 그 행실머리가 어느 정도인지 생각해 볼 만하지 않습니까!

다시 말을 해서 아주 사소한 것 (극히 적은 것이나 작은 것)까지도 탐을 내고 자기 것으로 만들려는(빼앗으려는) 심보를 말하는 것입니다. 어려운 처지에 있는 사람에게서 금품을 뜯어냄을 비유적으로 하는말. 벼룩의 간을 내어 먹어도 유분수지 우리 가게 월수입이 얼마나 된다고 그걸 다 가져가십니까?

매일 쓰는 회화표현

Exactly. [Absolutely. Definitely.] 바로 그거야. [정확히 맞혔어.]
= That's the card for it.
Case in point.
That's the way.
That's the cheese.
That's the spirit!

Watch [Mind] your step [head]. 계단 [머리] 조심.
= Mind your head.
Mind that step.
Be careful on the stairs.

Who knows? [God only knows.] 아무도 몰라.

Take your time, there's no rush [hurry]. 천천히 하세요.

It was a long day. 정말 힘든 하루였어.
= I've had a tough day.
I've had a grueling day.
I had such a hard day today.

줄줄 나와야 할 표현

아기가 젖을 잘 안 먹어요.
?The baby doesn't suck well.
My baby dosen't nurse very well.

다리가 저리다. [다리에 쥐가 난다.]
My legs feel numb.
= My legs are asleep. [My legs have gone to sleep.]
Just got a cramp in my leg.
My lags are cramping.

아들이에요, 딸이에요?
Is it a he or a she?

거기 삐삐로 호출하신 분 계십니까?
Did anyone there beep me?
[Did anyone there call me on my beeper?]

심화 학습 2

실전유형 문제

빈칸에 가장 알맞은 것을 고르시오.

01. Son's Manufacturing Inc. _____ yesterday that it will move its factories to Italy over the next year.

(A) announced (B) has announced
(C) announcing (D) announces

02. Next month, the student cafeteria in the dormitory _____ closed at 6 p.m.

(A) are (B) has been (C) was (D) will be

03. _____ to the Natural History Museum are asked to register in advance for the guided tour service.

(A) Visitor (B) Visit (C) Visitors (D) Visited

04. New paper trays _____ in the copy machine this afternoon.

(A) were installing (B) are installing
(C) is installing (D) will be installed

05. Many new channels _____ extensive damage in the region since the last earthquake.

(A) report (B) will report (C) have reported (D) reported

Unit 07

형용사

(Adjectives)

기초영어 I Basic English

형용사, 명사의 특징을 표현!

형용사는 명사가 가지고 있는 특징, 명사의 캐릭터를 설명하는 말.

비싼 신발	신발이 **비싸다**.
expensive shoes	The shoes are expensive.

'비싼' 또는 '비싸다'가 신발의 성질에 대해 구체적으로 표현하고 있다. 이와 같이 형용사는 명사의 상태, 형태, 모양, 수, 양 등을 나타내는 말로, 명사를 수식하거나 보어의 역할을 한다.

01 형용사를 만드는 끝말

명사와 마찬가지로 형용사 역시 단어 끝부분을 보면 형용사라는 것을 알 수 있다. 형용사를 나타내는 끝말로는 –able[-ble], -ive[-tive], -al, -ic[-ical], -ful, -ous[-eous], -ent[-ant] 등이 있다.

–able[-ble]	-ive[-tive]	-ic[-ical]
accessible 이용할 수 있는 affordable 알맞은 available 이용 가능한 eligible 자격이 있는 foreseeble 미리 알 수 있는 probable 유망한, 있음직한	attractive 마음을 끄는 competitive 경쟁력 있는 effective 효과적인, 유효한 expansive 광대한 creative 창조적인 protective 보호하는	emphatic 단호한 optimistic 낙관적인 realistic 실제적인, 현실적인 specific 명확한, 구체적인 strategic 전략의 sympathetic 공감하는
-al	**-ent[-ant]**	**-ful**
additional 부가적인 environmental 환경의 exceptional 예외적인 formal 공식적인 international 국제적인 substantial 실질적인	confident 확신하는 dependent 의지하는 different 다른 efficient 효과적인 significant 중요한 vacant 비어 있는	careful 조심성 있는, 주의하는 powerful 강력한 **-ous[-eous]** conscious 의식하고 있는 courteous 예의 바른 famous 유명한

02 형용사의 쓰임과 종류

2.1. 형용사의 쓰임

형용사가 명사를 직접 꾸며 주는 것을 '한정 용법', 명사가 주어나 목적어로 쓰일 때 이를 보충하며 설명하는 것을 '서술 용법'이라고 한다.

2.1.1 형용사는 '~하는, ~한'이라는 의미로 명사 앞에서 명사를 수식한다.

Einstein was a **great** scientist. Einstein(아인슈타인)은 위대한 과학자였다.

The **early** bird catches the worm. 일찍 일어나는 새가 벌레를 잡는다.

2.1.2. 둘 이상의 형용사가 하나의 명사를 수식할 수 있다.

John saw a **big black** truck. John은 크고 검은 트럭을 보았다.

I met a **beautiful young** lady on the subway. 나는 지하철에서 아름다운 젊은 여성을 만났다.

My new watch has **many useful** functions. 나의 새 시계는 많은 유용한 기능을 가지고 있다.

2.1.3 -thing, -one으로 끝나는 명사는 형용사가 뒤에서 수식한다.

I need something **new**. 뭔가 새로운 것이 필요하다.

Something **urgent** came up. 긴급한 어떤 일이 발생했다.

Don't do anything **foolish**. 어리석은 짓은 하지 마라.

We give chocolates to someone **special** on Valentine's Day.
우리는 발렌타인데이에 특별한 사람에게 초콜릿을 줍니다.

2.1.4. 형용사는 보어 역할을 하여 주어 또는 목적어의 상태를 보충 설명한다.

Shopping is very **fun**. 쇼핑은 매우 재미있다.

The explosion left 30 people **dead**. 그 폭발로 30명이 죽었다.

2.2. 형용사의 종류

2.2.1. 형용사는 명사의 형태, 상태, 모양, 특징, 용도, 수, 양 등을 나타낸다.

John is a **diligent** person. John은 부지런한 사람이다.

Merry has **brown curly** hair. Merry는 갈색 곱슬머리이다.

John was a **valuable** member. John은 귀중한 회원이었다.

I will choose an **easy** and **fun** book. 나는 쉽고 재미있는 책을 고를 거야.

We cut too **many** trees. 나무를 너무 많이 베었다.

2.2.2. 수량형용사

수량형용사는 수식을 받는 명사가 셀 수 있는지, 단수 인지, 복수인지에 따라 다르다.

We don't have **much** time, so we must hurry. 시간이 별로 없으니 서둘러야 한다.

Every passenger should put on their seat-belts. 모든 승객은 안전벨트를 매야 한다.

I know **many** people in the car industry.
나는 자동차 산업에 종사하는 많은 사람들을 알고 있다.

2.2.2.1. each, every, many, a few, few, several은 셀 수 있는 명사 앞에 쓰인다.

셀 수 있는 명사 앞에 쓰이는 수량형용사	
each, every	+ 단수명사
many, a few, few, several	+ 복수명사

He knows **every** student in the school. 그는 학교의 모든 학생을 안다.

I spent **several** days in the hospital. 나는 병원에서 며칠을 보냈다(며칠 입원했다).

2.2.2.2. much, a little, little은 셀 수 없는 명사 앞에 쓰인다.

셀 수 없는 명사 앞에 쓰이는 수량형용사	
much, a little, little	+ 셀 수 없는 명사

How **much** money do you want? 얼마나 많은 돈을 원합니까?

Someone has **little** experience with computers. 누군가는 컴퓨터에 대한 경험이 거의 없다.

2.2.2.3. all, most, some 뒤에는 복수 명사나 셀 수 없는 명사가 온다.

복수 명사와 셀 수 없는 명사 앞에 쓰이는 수량형용사	
all, most, some	+ 복수 명사 + 셀 수 없는 명사

I respect **all** mothers in the world. 나는 세상의 모든 어머니를 존경한다.

He will donate **all** money from the event. 그는 그 행사의 모든 돈을 기부할 것이다.

She borrowed **some** books from me. 그녀는 나에게 책을 몇 권 빌렸다.

Would you like **some** orange juice? 오렌지 주스 좀 드실래요?

03 주의해야 할 형용사

3.1. 끝말에 따라 의미가 달라지는 형용사

어떤 끝말이 붙는가에 따라 뜻이 달라지기도 하므로 주의해야 한다.

considerable 상당한	considerate 사려 깊은	confident 확신하는	confidential 기밀의
dependable 믿을 만한	dependent 의존하는	extensive 광범위한	extended 연장된
manageable 관리할 수 있는	managerial 경영의	reliable 믿을 만한	reliant 의존하는
respectful 공손한	respective 각각의	sensible 분별 있는	sensitive 민감한
successful 성공한	successive 연속의	valuable 가치 있는	valued 소중한

The car cost **considerable** amount of money. 그 차는 상당한 비용이 들었다.

Please be more **considerate** and don't play loud music late at night.
밤늦게 음악을 크게 틀지 말고 좀 더 배려해 주세요.

The bus service is usually very **dependable**. 버스 서비스는 대개 매우 믿을 만하다.

A baby is completely **dependent** on its parents. 아기는 부모에게 전적으로 의존한다.

It is **sensible** to drink more water in this heat. 이 더위에는 물을 더 마시는 것이 현명하다.

John is such a **sensitive** boy. John은 매우 예민한 소년이다.

3.2. 동사에 끝말을 붙여 만든 형용사

동사 끝에 –ing나 –ed를 붙여 형용사로 쓰기도 한다.

-ing로 끝나는 형용사		-ed로 끝나는 형용사	
challenging 도전적인	existing 기존의	accomplished 뛰어난	complicated 복잡한
lasting 지속적인	leading 선도적인	dedicated 헌신적인	established 기반을 잡은
missing 분실된	opposing 반대하는	experienced 노련한	impressed 감동 받은
outstanding 뛰어난	remaining 남아있는	limited 제한된	pleased 기쁜
rewarding 보람 있는	surrounding 인근의	required 필수의	updated 최신의

Under the **existing** law, you are not allowed to work in this country.
기존 법에 따르면, 당신은 이 나라에서 일할 수 없다.

Her work is **outstanding.** 그녀의 작품은 뛰어나다.

We can't invite many people because space is **limited**.
공간이 한정되어 있어서 많은 사람을 초대할 수 없습니다.

The fitness center is seeking an **experienced** trainer.
피트니스 센터는 경험이 많은 트레이너를 찾고 있다.

3.3. 형용사 관용 표현

be associated with ~와 관련되어 있다	be concerned about ~에 대해 염려하다
be familiar with ~에 친숙하다	be likely to ~할 것 같다
be related to ~에 관련이 있다	be responsible for ~을 책임지다

These illnesses **are associated with** smoking. 이러한 질병은 흡연과 관련이 있다.

They **are concerned about** their son's health. 그들은 아들의 건강을 걱정한다.

I'm not **familiar with** this computer. 저는 이 컴퓨터에 익숙하지 않아요.

They **are likely to** be late. 그들은 늦을 것 같다.

A lot of crime **is related to** drugs. 많은 범죄는 마약과 관련이 있다.

Who **was responsible for** the accident? 누가 그 사고에 책임이 있습니까?

04 발음 연습

[3] 소리를 연습해 보세요.

rouge	vision	division	decision	confusion
fusion	visual	casual	usual	pleasure
measure	seizure	Asia	Persia	version

The burden of **decision** lies on her shoulders.
결정의 부담은 그녀의 어깨에 있다.

There is a **danger** of confusion between them.
그들 사이에는 혼란의 위험이 있다.

For her it's just life a **usual**, only lonelier.
그녀에게는 그냥 평범하고 외로운 삶일 뿐이다.

I'd travel a thousand miles just for the **pleasure** of meeting you.
당신을 만나는 것만으로도 천 마일을 여행할 거예요.

Not all situations can be examined in terms of **visual** images.
모든 상황을 시각적 이미지 측면에서 검토할 수 있는 것은 아니다.

위의 소리를 다음 팝스 영어에서 확인하며 불러보세요.

05 팝스 영어

She

Sung by Elvis Costello

She may be the face I can't forget
The trace of **pleasure** or regret
May be my **treasure** or the price I have to pay
She may be the song that summer sings
Maybe the chill that autumn brings
Maybe a hundred different things
Within the **measure** of a day

She may be the beauty or the beast
May be the famine or the feast
May turn each day into a Heaven or a Hell
She may be the mirror of my dreams
A smile reflected in a stream
She may not be what she may seem
Inside her shell

She, who always seems so happy in a crowd
Whose eyes can be so private and so proud
No one's allowed to see them when they cry
She may be the love that cannot hope to last
May come to me from shadows in the past
That I remember 'till the day I die

She maybe the reason I survive
The why and wherefore I'm alive

The one I'll care for through the rough in many years

Me, I'll take her laughter her tears
And make them all my souvenirs
And where she goes I've got to be
The meaning of my life is
She, she
Oh, she

어휘

1. famine: 기근, 굶주림, 기아

   The long drought was followed by months of severe ***famine***.
   오랜 가뭄 뒤에 몇 달간의 극심한 기근이 이어졌다.

2. feast: 연회, 잔치, 축제

   To the well man, every day is a ***feast***. 건강한 사람에게는 매일이 축제다.

가사 해석

그녀는 내가 잊을 수 없는 얼굴 일 수 있어요
즐거움 또는 후회의 흔적일 수도
어쩌면 나의 보물 또는 내가 치뤄야 할 값일 수 있죠
그녀는 어쩌면 여름이 부르는 노래일지도 몰라요
가을이 주는 안정감 일 수도 있죠
어쩌면 하루에도 수백가지로 변하는 다른 모습일 수도 있어요

그녀는 미녀 또는 야수일수도 있죠
배고픔일수도, 축제일수도 있구요
천국 또는 지옥으로 하루가 변해버릴지도 모르죠
그녀는 어쩌면 나의 꿈의 거울일 수도 있고
개울가에 비친 미소일수도 있죠
그녀의 껍데기속은 그 겉모습과는 아주 다를수도 있어요

그녀는 언제나 사람들 속에서 행복해 보여요
그녀의 눈빛은 비밀스럽고 또 자신감있죠
아무도 그녀가 눈물을 흘리지 못할거에요
그녀는 끝까지 바랄 수 없는 사랑일수도 있고
과거의 그늘에서부터 나에게 올 수도 있죠
내가 죽을 때까지 기억할 그 과거에서

그녀는 내가 살아가려는 이유일수도 있어요
내가 왜 살아야 하는지
힘들 때도 좋을 때도 내가 돌봐줘야하는 사람일 수도 있어요

난 그녀의 웃음과 눈물을 가지고
내 기념품으로 만들겠어요
그녀가 가는 곳이 바로 내가 가는 곳이고
내 삶의 의미는 바로 그녀니까요

연습문제

A. 다음 괄호 안의 단어 중 알맞은 것을 고르세요.

01. Are you (sleep / sleepy)?

02. This is a (hugely / huge) stadium.

03. Her voice sounds (sad / sadly).

04. The coffee tastes (bitterly / bitter).

05. Look at that (pretty / prettily) girl.

06. The (final / finally) exam was so difficult.

B. 다음 문장에서 틀린 부분을 찾아 바르게 고쳐 쓰세요.

01. Those flowers are beauty.

02. The puppy is cutely.

03. I found wrong something.

04. You should be carefully with that vase.

05. I am sick and tire of him.

06. Food makes him happily.

07. Mr. Lee brought a box large.

C. 다음 괄호 안의 단어 중 알맞은 것을 고르세요.

01. My boss will spend (several / much) days.

02. You need a (few / little) sugar to make cookies.

03. (Much / Many) people will be there.

04. I need a (little / few) days to do the project.

05. I think you put too (many / much) water in there.

06. (Every / Several) member should report to Mr. Kim.

D. 다음 괄호 안의 단어 중 알맞은 것을 고르세요.

01. Mr. Park's speech made a (lasted / lasting) impression on the audience.

02. Miss Lee is (familiarity / familiar) with company employment policies.

03. Customer service employees should be (respectful / respective) to customers.

04. Candidates for the position must have (extensive / extending) experience.

05. Mr. Wang is (responsible / responsive) for the financial matter.

06. This book offers (reliable / reliant) information to the readers.

심화 학습 1

오늘의 속담

A man dies; his name remains.

?Man dies and leaves a name; the tiger dies and leaves a skin.

= A good name will shine forever.
좋은 명성은 영원히 빛날 것이다.

= A good name is a rich heritage.
좋은 명성은 훌륭한 유산이다.

= He who leaves the fame of good works after him does not die.
선행의 명성을 남긴 사람은 결코 죽지 않는다.

= A man lives a generation; a name to the end of all generations.
인간은 한 세대를 살지만, 그 이름은 영원하다.

= The name of the righteous is used in blessings, but the name of the wicked will rot.
의인을 기억하는 것은 복된 일이지만, 악한 사람의 이름은 곧 기억에서 사라진다. (잠언 10:7)
선하고 정직하게 살면 칭찬을 받고 기억되지만 사악하게 살면 썩은 내만 남는다.

Socrates and Plato died over two thousand years ago, but a modern man can understand them by reading their works. ***A man dies; his name remains.***

modern: 현대의, 근대의 — Their music blends traditional and ***modern*** styles.
그들의 음악은 전통적인 스타일과 현대적인 스타일을 조합하고 있다.

work: 일, 작품, 저작물 — She's an artist whose ***work*** I really admire.
그녀는 내가 (그녀의) 작품을 진정으로 찬탄하는 화가이다.

직역

소크라테스와 플라톤은 2천 년 전에 죽었지만, 현대인은 그들의 작품을 읽음으로써 그들을 이해할 수 있다. 사람은 죽고, 이름은 남는다.

의역

소크라테스와 플라톤은 2천 년 전에 죽었지만, 현대인들은 그들의 저서를 읽으며 그 사상을 이해할 수 있다. **사람은 죽어서 이름을 남기고, 호랑이는 죽어서 가죽을 남긴다(사람은 죽어도 그 이름은 남는다).**

속담 의미

이 속담은 착하고 훌륭한 일을 하면 그 사람의 이름이 후세에까지 빛난다는 뜻이에요. 살아있을 때 좋은 일을 많이 하거나 세상에 도움이 되는 큰 업적을 남긴 사람은 죽어서도 사람들의 가슴에 오랫동안 기억되는 법이에요. 반대로 나쁜 일을 많이 한 사람은 죽어서도 두고두고 좋지 못한 사람으로 기억되지요. 물론 여러분은 사람들의 가슴에 착하고 훌륭한 사람으로 남아야겠죠?

매일 쓰는 회화표현

Please call him at home [at work]. 그분 댁으로 [직장으로] 전화해 주십시오.

He's on his way home [to work]. 그분은 지금 퇴근 [출근] 하셨습니다.

Do the room quickly. 방을 어서 치워라.
= Clean up you room!

Make up the table [room]. 식탁 [방]을 정돈해라.
= Tidy (up) a room.

Why not? 왜 아니겠어? [거 좋지.]

Where to? 어디까지 가십니까?
= Where to sir or ma'am?
Where are you going (to)?
How far are you going [do you go]?

줄줄 나와야 할 표현

바로 누우세요. 엎드리세요. 옆으로 누우세요. (☞의사가 검진하면서)
Lie on your front.
= Lie on your back.
Lie on your side.

왕복 요금을 내셔야 합니다.
You should pay double.

호랑이도 제 말 하면 온다더니.
Talk a devil and he'll appear.
= Speak of the devil.
Speak of the devil and here he is.
Talk of the devil and he is bound to appear.
?Talk of the tiger and it will come.

다른 사람에 관한 이야기를 하는데 공교롭게 그 사람이 나타나는 경우를 이르는 말.

낮말은 새가 듣고 밤말은 쥐가 듣는다.
The walls have ears.
= Birds may hear you during the day and rats at night.
Birds hear what is said by day, and rats hear what is said by night.
Pitchers have ears.
?The bird overhears in the morning; the mouse, at night.

아무도 모를 거라 생각했는데 친구들이 다 알고 있어서 깜짝 놀란 경험이 있을 거예요. 세상에 비밀은 없어요. 그러니 없는 자리에서 다른 사람을 욕하거나 흉보는 말은 하지 않는 것이 좋아요.

• 벽에도 귀가 있다
누군가 비밀 이야기를 하고 있을 때, 문이나 벽에 귀를 대고 엿듣는 모습을 본 적이 있지요? 이처럼 사방이 벽으로 둘러싸여 있더라도 누군가 듣고 있을지도 몰라요. 그러니 항상 말조심! 비슷한 속담으로 "담에도 귀가 달렸다."라는 말도 사용해요.

• 발 없는 말이 천 리를 간다

1,000리는 약 400km가 돼요. 서울에서 부산까지의 거리 정도 되지요. 이 속담은 우리 입에서 나오는 말이 그만큼 빨리, 멀리 퍼진다는 뜻이에요.

심화 학습 2

실전유형 문제

빈칸에 가장 알맞은 것을 고르시오.

01. Employees should back up their files on a _____ basis.
(A) regularly (B) regular (C) regularity (D) regularize

02. Our recipes will surely enable you to make healthy and tasty meals with _____ effort.
(A) minimize (B) minimizes (C) minimal (D) minimally

03. Employees at Jin Airlines receive _____ support for their overseas assignments.
(A) extend (B) extensive (C) extensively (D) extends

04. Ongoing training can be the _____ element in maintaining a productive workforce.
(A) key (B) handy (C) marginal (D) complete

05. Our latest product brochure had to be reprinted to correct several _____ errors.
(A) overdue (B) minor (C) reliable (D) rapid

Unit 08

부사

(Adverbs)

기초영어 I Basic English

부사, 문장을 풍성하게 치장해 주는 코디네이터!

부사는 문장을 멋지게 장식해 준다. 언제, 어디서, 어떻게 했는지 등의 정보를 알려주어 문장의 의미를 더욱 풍성하게 해준다.

나는 음식을 **천천히** 먹는다.

'천천히'가 '먹는다'라는 동작을 더 분명하고 자세하게 표현해 주고 있다. 이와 같이 부사는 동사나 형용사 등을 수식하여 의미를 강조하거나 풍부하게 만드는 것이다.

01 부사의 형태

부사는 주로 형용사 뒤에 끝말 –ly가 붙은 '형용사 + –ly'형태도 있고, 일부 단어는 형용사로도 쓰이고 부사로도 쓰인다. 또한, –ly가 붙지 않은 형태의 부사도 있다.

형용사 + -ly	형용사 / 부사	기타부사
carefully 조심스럽게 exceptionally 특별히 officially 공식적으로 precisely 정확히 quickly 빠르게 slowly 천천히 temporarily 일시적으로	deep 깊은 / (물리적으로) 깊게 enough 충분한 / 충분히 even 평평한 / 심지어 hard 어려운 / 열심히 late 늦은 / 늦게 near 가까운 / 가까이에 short 짧은 / 짧게	already 이미 just 막, 방금 quite 상당히, 꽤 soon 곧 well 잘

John was an **exceptionally** good student. John은 매우 훌륭한 학생이었다.

The road is **temporarily** closed for repairs. 그 도로는 보수를 위해 일시적으로 폐쇄되었다.

The game must be played on an **even** surface.
그 시합은 평평한 운동장에서 진행되어야 한다.

The game is so easy that **even** a child can play it.
그 게임은 어린이도 할 수 있을 정도로 쉽다.

John will be home **soon**. John은 곧 집에 올 것이다.

혼동하기 쉬운 부사

형태가 비슷하지만 의미가 달라 혼동하기 쉬운 부사를 구분하여 알아두자.

close 가까운 / 가까이 closely 밀접하게	I live **close** to the river. 나는 강 가까이에 산다. We watched her **closely**. 우리는 그녀를 자세히 지켜보았다.
hard 열심히, 힘들게 hardly 거의 ~않다	Merry works very **hard**. Merry는 매우 열심히 일한다. Merry spoke so quietly that I could **hardly** hear. 메리는 너무 조용하게 말했기 때문에 나는 거의 들을 수 없었다.
high 높이 highly 매우	The plane flew **high** above the clouds. 비행기는 구름 위로 높이 날아갔다. John has a **highly** paid job. John은 보수가 꽤 좋은 직업이다.
late 늦게 lately 최근에	It was **late** for school today. 오늘 학교에 늦게 갔다(지각했다). The weather has been very bad **lately**. 요즘 날씨가 매우 안 좋아요.
most 가장/ 매우 mostly 주로 / 대체로	It is the **most** beautiful garden I have ever seen. 내가 본 정원 중에 가장 아름다운 정원이야. The students in my class **mostly** from this area. 우리 반 학생들은 대부분 이 지역에서 왔습니다.
near 가까이에 nearly 거의	My parents live very **near.** 우리 부모님은 아주 가까운 곳에 사신다. She was so sick that she **nearly** died. 그녀는 너무 아파서 거의 죽을 뻔했다.
short 가까이 shortly 곧	The ball pitched a yard **short**.. 그 공은 1야드 짧게 떨어졌다. The doctor will see you **shortly**, Mr. Kim. Mr. Kim, 의사 선생님께서 곧 진료하실 거예요.

02 부사의 쓰임과 종류

2.1. 부사의 쓰임

부사는 문장 내에서 명사 이외의 거의 모든 요소를 꾸며 줄 수 있다. 즉 형용사, 부사, 동사, 및 준동사(to-부정사, 동명사, 분사)를 수식하거나 구, 절, 문장 전체를 수식할 수 있다. 부사는 문장의 뜻을 더 풍부하게 만들기 위해 추가되는 부가 요소이므로, 부사가 생략되더라도 구조적으로는 완전한 문장이다.

John **frequently** <u>takes</u> the subway. John은 자주 지하철을 탄다.

The room is **completely** <u>full</u>. 방이 완전히 꽉 찼어요.

Merry speaks **very** softly. Merry는 매우 부드럽게(온화하게) 말한다.

Students are expected to listen **carefully** during lectures.
학생들은 강의 중에 주의 깊게 들어야 한다.

Talking **slowly** will help the audience understand.
천천히 말하는 것은 청중들이 이해하는 데 도움이 될 것이다.

John went to see a movie **just** after dinner. John은 저녁 식사 직후에 영화를 보러 갔다.

Merry left **immediately** after she finished work. Merry는 일을 마친 후 바로 떠났다.

Fortunately, she arrived on time. 다행히, 그녀는 제시간에 도착했다.

2.2. 부사의 종류

부사는 문장의 의미를 풍부하게 하는 것 이외에 서로 다른 문장을 이어주는 등 여러 가지 역할을 한다.

단순 부사	**대부분의 부사에 해당하며 시간, 빈도, 정도, 증가/감소, 숫자 수식을 나타냄.** 시간: ago ~전에 now 지금 previously 이전에 soon 곧 빈도: always 항상 often 자주 regularly 정기적으로 usually 보통 정도: very 매우 much 많이, 훨씬 quite 매우, 상당히 extremely 극도로 증가/감소: considerably 상당히 sharply 급격하게 slightly 약간 steadily 꾸준히 숫자 수식: approximately 거의 at least 최소 nearly 거의 only 오직
접속 부사	**두 개의 문장 사이에서 의미를 매끄럽게 연결하는 역할을 함.** besides 게다가 moreover 더욱이 furthermore 더욱이 therefore 그러므로 however 그러나 meanwhile 그동안 consequently 결과적으로 then 그리고 otherwise 그렇지 않으면 like wise 이와 마찬가지로 nevertheless 그럼에도 불구하고
부정 부사	**부정의 의미를 담고 있어서, not과 같은 다른 부정어와 함께 올 수 없다.** never 결코~않다 hardly/scarcely 거의~않다 seldom/rarely 좀처럼 ~않다

Goodbye! See you **soon!** 안녕히 계세요! 곧 만나요!

The train is **always** late. 기차는 항상 늦는다.

Prices are falling **steadily**. 물가가 꾸준히 하락하고 있다.

I live **approximately** two miles from the station. 나는 역에서 약 2마일 떨어진 곳에 산다.

This group did the best work. **Moreover**, they completed the work quickly.
이 그룹이 제일 잘했다. 게다가, 그들은 그 일을 빨리 끝냈다.

She **never** works on Saturday. 그녀는 토요일에 절대 일하지 않는다.

03 발음 연습

[tʃ] 소리를 연습해 보세요.

chair	charge	cheating	chestnut	chief
couch	each	itch	hunch	preach
search	watchdog	pinch line		

I **changed** the bulb and **checked** the fuse.
전구를 교체하고 퓨즈를 점검했어요.

He **congratulated** the chef on this **choice** of dishes.
그는 요리를 추천해준 요리사를 칭찬했다.

Don't count your **chickens** before they're **hatched**.
부화하기 전에 닭을 세지 마라. (김칫국을 마시지 말아라.)

There's a little **chance** that the **situation** will improve.
상황이 나아질 가능성은 거의 없다.

The **chaplain** came and **preached** to a packed **church**.
목사님이 오셔서 (신자들로) 가득 찬 교회에서 설교를 하셨다.

As a **child**, I loved to **chase** the **chickens** barefoot around the yard.
어렸을 때, 저는 맨발로 마당을 돌아다니며 닭들을 쫓는 것을 좋아했습니다.

위의 소리를 다음 팝스 영어에서 확인하며 불러보세요.

04 팝스 영어

Unchained Melody

Sung by The Righteous Brothers

Oh, my love, my darling
I've hungered for your **touch**.
A long lonely time.
And time goes by so slowly.
And time can do so **much**.
Are you still mine?
I need your love.
I need your love.
God speed your love to me.

Lonely rivers flow
To the sea, to the sea
To the open arms of the sea.

Lonely rivers sigh
Wait for me, wait for me.
I'll be coming home
Wait for me.

Oh, my love, my darling
I've hungered, hungered for your **touch**.
A long lonely time.
And time goes by so slowly.
And time can do so **much**.
Are you still mine?

I need your love.

I need your love.

God speed your love to me.

어휘

1. darling: 여보, 자기; 예쁜 물건, 마음에 드는 물건

   This is a ***darling*** hat. = This is a cute hat.
   이 모자 정말 예쁘네요. 정말 마음에 드는 모자네요.

2. hunger: 갈망하다, 몹시 바라다

   I've always ***hungered*** for my parents' affection.
   부모님의 애정을 항상 갈망해 왔습니다.

3. go by: 시간 따위가 흘러거다, 경과하다

   If you keep yourself busy all the time, time will ***go by*** much more quickly.
   항상 바쁘게 생활한다면 시간이 훨씬 더 빨리 지나갈 거에요

   As time ***goes by***, I think about him less and less.
   시간이 흐르면서, 그 사람에 관해 점점 더 덜 생각하고 있어요.

4. go with the flow: 흐름을 따라가다

   I was just ***going with the flow***. 다른 자동차들이 달리는 속도에 맞춰서 가고 있었다.

   go against the flow: 흐름에 역행하다

   I decided to ***go against the flow*** and do something really different.
   난 시류에 반하는, 뭔가 아주 다른 걸 하기로 했어요.

5. open arms: 넓은 바다의 품

   with open arms: 양팔을 벌리고; 진심으로, 충심으로

   The little boy pretended flying like an airplane **with *open arms***.
   그 남자 아이는 두 팔을 벌리고 비행기처럼 나는 시늉을 했어요.

   The Chinese people received the Olympic athletes ***with open arms***.
   중국인들은 올림픽 참가 선수들을 진심으로 환영했습니다.

6. touch: 손길

   keep in touch with someone: ~와 접촉을 하며 지내다, 연락을 계속 하다

   Do you ***keep in touch with*** Jane? Jane이랑 연락하며 지내나요?"

   Let's ***keep in touch***. 연락하며 지내요.

   out of touch with someon: 연락이 끊기다

   I'm totally ***out of touch with*** Jane. Jane이랑 완전히 연락이 끊겼어요.

가사 해석

오, 내 사랑, 나의 그대여,
난 당신의 손길을 갈망해 왔어요
길고 외로운 시간을 말이에요
시간은 너무나 천천히 흘러가죠, 시간은 너무나 많은 걸 할 수 있죠.
그대 아직 내 사람인가요? (아직도 날 사랑하나요?)
당신의 사랑이 필요해요
당신의 사랑이 필요해요
어서 당신의 사랑이 내게 오길 빌어요.

외로운 강물은 바다로 흘러가죠, 바다로
넓은 바다의 품 안으로 흘러가죠

외로운 강물이 한숨을 쉬네요, '기다려요, 기다려주세요'
곧 집으로 돌아가요, 기다려 주세요'라고

오, 내 사랑, 나의 그대여,
난 당신의 손길을 갈망해 왔어요
길고 외로운 시간을 말이에요
시간은 너무나 천천히 흘러가죠, 시간은 너무나 많은 걸 할 수 있죠.
그대 아직 내 사람인가요? (아직도 날 사랑하나요?)
당신의 사랑이 필요해요
당신의 사랑이 필요해요
어서 당신의 사랑이 내게 오길 빌어요.

연습문제

A. 다음 괄호 안의 단어 중 알맞은 것을 고르세요.

01. Bob woke up (late / lately) this morning.

02. The princes lived (happy / happily) even after.

03. (Lucky / Luckily), I came across him.

04. I (usually / usual) have cereal for breakfast.

05. Kevin is (incredibly / incredible) smart.

06. I am spending my time (wise / wisely).

B. 다음 문장에서 틀린 부분을 찾아 바르게 고쳐 쓰세요.

01. I real like you.

02. He has worked hardly for the last 10 years.

03. I polite asked the woman to turn down the volume.

04. Teddy is walking down the street slow.

05. Honest, I didn't have time to check my e-mail.

심화 학습 1

오늘의 속담

A moment seems like a lifetime. A minute seems like a lifetime.

?A second seems like three years. 1초는 3년으로 보인다.

= A moment seems like an eternity.
한순간이 영원과 같다.

= A short time is long for the unprepared.
준비 없는 사람에게는 짧은 시간도 길게 느껴진다.

The job seeker waited only ten minutes for his interview, but sometimes ***a moment seems like a lifetime***, and he felt like he had waited for hours.

seeker: ~을 구하는 사람 He's a pleasure-***seeker***.
그는 놀기를 좋아하는 사람이에요.

lifetime: 일생, 평생 An opportunity like this comes once in a ***lifetime***.
이런 기회는 평생 단 한 번밖에 오지 않는다.

직역

구직자는 인터뷰를 위해 10분밖에 기다리지 않았지만, 때로는 한순간이 평생처럼 느껴지기도 하고, 몇 시간이나 기다렸다는 느낌도 들었다.

의역

구직자는 면접을 위해 10분밖에 기다리지 않았는데도, 때로는 **일각이 여삼추다(한순간이 일생과 같다)**라는 말처럼, 몇 시간을 기다린 것처럼 느껴졌다.

속담 의미

짧은 동안도 3년 같이 생각된다는 뜻으로, 애타게 기다리는 마음이 몹시 간절함을 이르는 말.

일각: 매우 짧은 동안, 옛 시각의 단위로, 지금의 한 시간의 4/1, 곧 15분

여삼추: [애타게 기다릴 때는 짧은 시간도 3년 같다는 뜻으로] 몹시 긴 시간처럼 지루하게 느낀다는 말.

그러니까 자기한테 닥쳤던 일들에 15분 정도의 시간이 흘렀지만 삼 년 정도의 시간이 흘러간 듯 엄청나게 긴 시간으로 느꼈을 때.....이런 말을 하죠.

매일 쓰는 회화표현

I'm afraid so [not]. 그렇게 되면 [안 되면] 어떻게 하지?
= I'm afraid so. 아쉽지만 그렇다. (긍정)
I'm afraid not. 아쉽지만 그렇지 않다. (부정)

I hope so [not]. 그렇게 되었으면 [안 되었으면] 좋겠어.

Where are you manners? 버릇이 형편없구나.

단어 버릇없다: (be) ill-mannered, ill-bred, ill-behaved, unmannerly, mannerless, uncivil, uncourteous, discourteous, impolite, impertinent, rude, churlish, boorish

Why isn't traffic moving? [What's the problem?] 왜 차가 꼼짝도 하지 않지?
The cars didn't move an inch. 차가 꼼짝도 하지 않았어.

단어 교통 체증: traffic jam, traffic congestion, bumper-to-bumper

We were stuck in a traffic jam. 우리는 교통 체증 속에 갇혀 있었다.

You are kidding. [You must be kidding]. 농담 그만하라고.

Who are you kidding? 무슨 헛소리!

RUKM
Are you kidding me? 장난해?

줄줄 나와야 할 표현

그녀는 나이치고는 매우 젊어 보인다.
She looks very young for her age.
= She looks very young for her years.
She looks[appears] younger than her actual age.
She does not look her age.

그는 방 친구하고 사이좋게 지낸다.
He gets along well with his roommate.
= He enjoys good fellowship with his roommate.
He is good terms with his roommate.
He managed to along together with his roommate

나는 숙취가 있다.
I have a hangover.

Are you drunk? 술 취했습니까?
I'm sober. 술을 마셔도 정신이 멀쩡하다.
drink like a fish 과음하다

건배
Cheers!
Bottoms up! Drink up!
Down the hatch
The skin off your nose!
Here's to Stella!

그는 지금 신바람 난다.
He is in good [high] spirits.
= He is in the right frame of mind.
He is in a great [good] mood.
He is in good humor.

심화 학습 2

실전유형 문제

빈칸에 가장 알맞은 것을 고르시오.

01. Passengers _____ complained about the delayed departure.
(A) form (B) forms (C) formal (D) formally

02. John visits the sales offices_____ to understand market trends.
(A) regularly (B) regular (C) regularize (D) regulation

03. The Get Group is _____ marketing its products overseas.
(A) aggression (B) aggressive (C) aggressively (D) aggressor

04. Merry described the background of the story _____ effectively.
(A) yet (B) strongly (C) enough (D) very

05. The book store is open _____ in the morning because the owner has another job.
(A) soon (B) only (C) very (D) few

Unit 09

전치사

(Prepositions)

기초영어 I Basic English

명사를 한발 앞서는 전치사!

책이 의자 위에 있다.
책이 상자 안에 있다.

'위에', '안에'같이 단어 하나로 공의 위치가 달라진다. 전치사는 말 그대로 앞에 놓인다고 해서 붙은 이름이다. 주로 명사나 대명사 앞에 놓이며 하나로 묶인 <전치사 + 명사> 덩어리는 문장에서 수식어 역할을 하게 된다.

01 전치사의 종류

형태에 따라 나눈 전치사		의미에 따라 나눈 전치사			
한 단어인 전치사	두 단어 이상인 전치사	시간	장소	방향	기타
on under for since	due to instead of in front of in addition to	in at on during	in on by	to toward	as by with

Judy studied **for** two days. Judy는 이틀 동안 공부했다.
The shop was closed **due to** financial difficulties. 그 가게는 경영난으로 문을 닫았다.
The performance starts **at** 7 o'clock. 공연은 7시에 시작한다.
I read a book **in** the library. 나는 도서관에서 책을 읽었다.

1.1. 시간 전치사

이번 겨울**에** 바다에 갔다. / 12시**에** 해물탕을먹었다. / 일요일**에** 친구를 만났다.

계절, 시각, 요일을 나타내는 시간 표현으로 공통적으로 '~에'가 쓰였다. 영어는 시각, 요일, 날짜, 연도, 계절을 나타내는 말 앞에 각각 다른 전치사를 쓴다.

1.1.1. at, on in

전치사 at, on in은 모두 '~(때)에'로 해석되지만, at은 시각 앞에, on은 날짜나 요일

앞에, in은 연도, 월, 계절 앞에 온다.

at	시각, 시점 앞	**at** 10 o'clock, **at** the beginning of the month **at** the end of year, **at** noon/night/midnight
on	날짜, 요일, 특정한 날 앞	**on** September 18, **on** Wednesday **on** Tuesday morning, **on** New Year's Day
in	연도, 월, 계절, 오전/오후/저녁 앞	**in** 2010, **in** March, **in** summer **in** the morning/afternoon/evening

1.1.2. for, during

전치사 for와 during은 모두 '~동안에'로 해석되지만, for는 며칠이나 몇 년 등과 같이 기간을 나타내는 숫자 앞에, during은 휴가나 방학 등과 같이 특정 기간을 나타내는 표현 앞에 온다.

Merry worked in marketing **for** three years. Merry는 3년 동안 마케팅 일을 했다.

I traveled abroad **during** my vacation. 나는 방학 동안 해외여행을 다녀왔다.

1.1.3. until, by

전치사 until과 by는 모두 '~까지'로 해석되지만, until은 상황이 계속되다가 그 시점에 종료되는 것을 나타내고, by는 마감이나 기한을 나타낼 때 쓴다.

The bank is open **until** 5 P.M. 은행은 오후 5시까지 영업합니다.

You have to come back **by** 10 P.M. 오후 10시까지 돌아오셔야 합니다.

1.2. 장소 전치사

방 **안에** 모기가 날아다니다가 벽**에** 붙었다.

방, 벽이라는 장소표현 뒤에 '~안에', '~에'가 쓰였다. 영어에서는 장소에 따라 각각 다른 전치사를 쓴다.

1.2.1. at, on in

전치사 at, on in은 모두 '~(곳)'으로 해석되지만, at은 특정 지점에 있는 것을 나타내고, on은 표면 위에, in은 공간 안에 있는 것을 나타낼 때 쓴다.

I met Merry **at** a bus stop. 나는 버스정류장에서 Merry를 만났다.
John put the groceries **on** the table. John은 식료품을 탁자 위에 놓았다.
There are many parks **in** the city. 그 도시에는 많은 공원이 있다.

1.2.2. between, among

전치사 between과 among은 모두 '~사이'로 해석되지만, between은 둘 사이를 나타낼 때 쓰며, among은 셋 이상 사이를 나타낼 때 쓴다.

There is a house **between** the two trees. 두 나무 사이에 집이 있다.
There is a house **among** several trees. 몇 그루의 나무 사이에 집이 있다.

1.3. 방향 전치사

강아지가 집 **밖으로** 나와 공원을 **따라** 돌다가 다시 집 **안으로** 들어갔다.

'밖으로', '~을 따라', '~안으로'와 같이 방향을 나타내는 표현이 있다. 영어에서는 방향에 따라 각각 다른 전치사를 쓴다.

1.3.1. to, toward

방향 전치사 to는 '~에게, ~로', toward는 '~쪽으로, ~을 향하여'라는 의미로 쓰인다.

John wrote a letter **to** his wife. John은 그의 아내에게 편지를 썼다.
We walked **toward** downtown. 우리는 시내 쪽으로 걸어갔다.

1.3.2. across, through, along

방향 전치사 across는 '~을 가로질러', through는 '~을 통과하여', along은 '~을 따라'의 의미로 쓰인다.

I swam **across** the lake. 나는 헤엄쳐 호수를 건넜다.
The car went **through** a tunnel. 차는 터널을 통과했다.
John walked **along** the beach. John은 해변을 따라 걸었다.

1.3.3. into, out of

방향 전치사 into는 '~안으로', out of는 '~밖으로'의 의미로 쓰인다.

Merry ran **into** her house. Merry는 그녀의 집으로 뛰어 들어갔다.
John jumped **out of** his bed. John은 침대에서 벌떡 일어났다.

1.4. 그밖에 전치사

1.4.1. 수단, 동반을 나타내는 전치사

by ~에 의해 (수단)	수단이나 방법 또는 행위자를 나타낼 때	**by** adjusting the volume **by** the senior executive
through ~을 통해 (수단)	매개체나 수단을 나타낼 때	**through** the Internet **through** an e-mail
with ~와 함께	함께 하거나 도구를 쓸 때	**with** a stick **with** the coupon
without ~없이	없거나 하지 않음을 나타낼 때	**without** exception **without** further notice

The house is heated **by** gas. 이 집은 가스로 난방을 한다.
He was knocked down **by** a bus. 그는 버스에 치였다.
The burglar got in **through** the window. 그 도둑은 창문을 통해 들어갔다.
You can only achieve success **through** hard work. 성공은 근면을 통해서만 얻을 수 있다.
Cut it **with** a knife. 칼을 가지고[칼로] 잘라라.
The meal **with** wine came to $20 each. 포도주를 포함한 식사비는 일 인당 20달러가 되었다.
Can you see **without** your glasses? 안경을 안 쓰고 볼 수 있니?
He left **without** saying goodbye. 그는 작별 인사도 하지 않고 떠났다.

1.4.2. 주제, 분야, 자격 등을 나타내는 전치사

about, on, over ~에 대해(수단)	the movie **about** an artist the lecture **on** global warming concern **over** inflation
in ~에서 (분야)	expertise **in** advertising a 3 percent increase **in** oil price
as ~로서 (자격)	**as** your tour guide
besides ~이외에도 (추가)	**besides** the landscape

We are talked **about** the problem. 그 문제에 관하여 얘기하고 있다.

John wrote a book **on** South Africa. John은 남아프리카공화국에 관한 책을 썼다.

He is **in** the army. 그는 군인이다.

She works **as** a courier. 그녀는 여행 안내원으로 일한다.

We have lots of things in common besides music.
우리는 음악 외에도 공통되는 것이 많다.

1.4.3. 이유, 양보, 대조 등을 나타내는 (구)전치사

due to, because of ~때문에 (이유)	**due to** a power engine **because of** overbooking
despite, in spite of ~에도 불구하고 (양보) regardless of ~에 상관없이	**despite** the decreased sales **in spite of** traffic congestion **regardless of** time and location
unlike ~와 달리 (대조)	**unlike** other stores

The accident was **due to** excessive speed. 그 사고는 과속 때문에 일어났다.

Despite his cries, no one came to his assistance.
그의 울부짖음에도 불구하고 아무도 그를 도우러 오지 않았다.

Every human being is equal **regardless of** religion, race, or creed.
모든 인간은 종교, 인종, 신조에 관계없이 평등하다.

Unlike yesterday, I am workless today. 어제와 다르게, 오늘은 회사에서 일이 없다.

02 전치사 뒤에 오는 말과 전치사구

2.1. 전치사 + 명사(구)

전치사 뒤에 올 수 있는 것은 명사(구), 대명사, 동명사가 있는데, 이들을 '전치사의 목적어'라고 한다. 전치사의 목적어 자리에는 <주어 + 동사>나 동사원형 등은 올 수 없다.

I bought the coffee maker **in** January. 나는 1월에 커피 메이커를 샀다.

We recommended the best art school **to** him. 우리는 그에게 최고의 미술학교를 추천했다.

We can save time **by** cooperating with each other.
우리는 서로 협력함으로써 시간을 절약할 수 있습니다.

2.2. 전치사구

<전치사 + 명사(구), 대명사, 동명사> 형태를 '전치사구'라고 한다. 전치사구는 형용사나 부사처럼 문장 안에서 다른 단어를 꾸며주는 역할을 한다.

The results **of the survey** will be released next week.
설문조사 결과는 다음 주에 발표될 것이다.

Our staff is **on duty** 24 hours a day. 우리 직원들은 24시간 근무한다.

We completed the construction project **on schedule**. 우리는 예정대로 공사를 완료했다.

These reference books are accessible **to all library users**.
이러한 참고서는 모든 도서관 사용자가 열람할 수 있습니다.

For safety reasons, inspectors visit the factory every month.
안전상의 이유로, 검사관들은 매달 공장을 방문한다.

03 발음 연습

[dʒ] 소리를 연습해 보세요.

ridge/rich	bridge/breach	E.G./each	joke/choke
junk/chunk	gage/gaze	Jew/zoo	
judge	jazz	jewelry	jingle

Her **general knowledge** is amazing.
그녀의 전반적인 지식은 놀랍다.

Jack went to **jail** for **dangerous** driving.
Jack은 위험한 운전으로 감옥에 갔다.

They call themselves *The **Original Jazz** Band.*
그들은 스스로를 The Original Jazz Band.라고 부른다.

I don't care what you use, as long as it does the **job**.
네가 뭘 쓰든 상관없어, 그게 효과가 있는 한 말이야.

The state **acknowledge** the **justice** of their cause.
국가는 그들의 대의가 정당하다는 것을 인정한다.

위의 소리를 다음 팝스 영어에서 확인하며 불러보세요.

04 팝스 영어

Imagine

Sung by John Lennon

Imagine there's no heaven.
It's easy if you try.
No hell below us
Above us only sky
Imagine all the people living for today... (a-ha).

Imagine there's no countries.
It isn't hard to do.
And nothing to kill or die for
No **religion** too
Imagine all the people living life in peace... (yu-huh).

You may say I'm a dreamer.
But I'm not the only one.
I hope someday you'll **join** us.
And the world will live as one.

Imagine no possessions.
I wonder if you can.
No need for greed nor hunger
A brotherhood of man
Imagine all the people sharing all the world... (yu-huh).

You may say I'm a dreamer.
But I'm not the only one.

I hope someday you'll **join** us.
And the world will live as one.

어휘

1. die for: 무엇인가를 위해 죽는다, 무엇인가 몹시 갖고 싶다.

He ***died for*** his country. 조국을 위해서 숨졌다.

I'm ***dying for*** some ice cream. 아이스크림 먹고 싶어 죽겠어.

2. in peace: 평화롭게

The two communities live together ***in peace***.
그 두 공동체는 함께 평화롭게 살고 있다.

가사 해석

천국이 없다고 상상해 보세요.
시도해 보면 쉬운 일이에요.
우리 아래에는 지옥이 없고
우리 위에는 하늘만 존재하는 곳을요
모든 사람들이 오늘을 위해 살아가는 곳을 상상해 봐요....

국가가 존재하지 않는 곳을 상상해 봐요.
그건 어려운 일이 아니에요.
살인도 죽음도 없고
종교도 없는 곳을요
모든 사람들이 평화 속에서 살아가는 곳을 상상해 봐요....

당신은 제가 몽상가라 말하겠죠.
하지만 저만 그런 것은 아니에요.
언젠가 당신도 우리와 함께했으면 좋겠어요.
그리고 세계는 하나가 될 테니까요.

소유가 없는 곳을 상상해 보세요.
당신이 할 수 있을지 궁금하네요.
탐욕도 굶주림도 없을거에요
인류에만이 남아 있을 거에요
모든 사람들이 세상 모든 것을 공유하는 곳을 상상해 봐요...

당신은 제가 몽상가라 말하겠죠.
하지만 저만 그런 것은 아니에요.
언젠가 당신도 우리와 함께했으면 좋겠어요.
그리고 세계는 하나가 될 테니까요.

연습문제

A. 다음 문장에서 알맞은 것을 고르세요.

01. The play starts (at / in) 7 P.M.

02. I met Tom (on / in) Monday.

03. The flight will depart (for / at) noon.

04. Emily was born (at / on / in) 1989.

05. My brother and I always exchange presents (at / on / in) Christmas.

06. My whole family will go to a concert (at / on / in) October 2nd.

07. The show will end (before / around) sunset.

08. Please submit the application (by / until) Friday.

09. Tom has to finish his homework (after / before) dinner.

10. She has written the book (during / for) five years.

11. I am (at / on / in) New York now.

12. We had a great time (at / on) the party.

13. He is lying (in / on) the sofa.

14. Kate met Will (at / on) this café.

15. Your books are (at / in) my cabinet.

16. All of the water was spilled (on / in) the table.

17. Can you tell me (with / about) your home town?

18. We got around New York (to / by) bus.

19. It will arrive (to / within) 10 days.

20. I ate pasta (to / with) tomato sauce.

B. 알맞은 전치사를 찾아 문장을 완성하세요.

between,	near,	over,	under,	behind,	to,
across,	within,	from,	by,	about,	for

01. They watched turtles _______ the sea.
02. I will go _______ the amusement park tomorrow.
03. There is a famous restaurant _______ the river.
04. My store is located _______ the department store.
05. The sun is rising _______ the horizon.
06. Is there a post office _______ here?
07. There are three cafés _______ this area.
08. We should send the report _______ e-mail.
09. The movie was _______ a true friendship.
10. You should stop drinking _______ your health.
11. I heard good news _______ him.
12. We usually have a staff meeting _______ 9 A.M. and 10 A.M.

심화 학습 1

오늘의 속담

The die is cast.

= What's done is done and cannot be undone.
한번 저질러진 일은 돌이킬 수 없다.

= Things past cannot be recalled.
한번 지나간 일은 다시 부를 수 없다.

= It's too late to grieve when the chance is past.
이미 기회가 지나간 후에 슬퍼해 봐야 너무 늦었다.

Although Merry regretted marrying John because of their differences in character and intellect, she made the best of things believing ***the die is cast.***

regret: 후회하다	We ***regret*** this service is temporarily unavailable. 유감스럽게도 이 서비스가 일시적으로 제공이 되지 않습니다
intellect: 지적능력, 지력	Man's ***intellect*** distinguishes him from beasts. 인간은 지성이 있음으로써 짐승과 구별된다.
die=dice: 주사위	The order of play is decided by the roll of a ***dice.*** 경기 순서는 주사위 던지기로 결정된다.
cast: (힘껏) 던지다, 내던지다	The priceless treasures had been ***cast*** into the Nile. 대단히 귀중한 그 보물들이 나일강 속으로 내던져졌었다.

직역

Merry는 성격과 지성의 차이 때문에 John과 결혼한 것을 후회했지만, 그녀는 주사위는 던져졌다고 믿으며 최선을 다했다.

의역

Merry는 성격이나 지적인 면에서 많은 차이를 보이는 John과 결혼한 것을 후회하면서도, **주사위는 이미 던져졌다**는 생각으로 결혼 생활에 최선을 다하였다.

속담 의미

'이미 어떤 일이 일어나 돌이킬 수 없는 상태'를 말합니다.

일이 되돌릴 수 없는 지경에 이르렀으니 단행하는 수밖에 없음을 이르는 말.

그는 누구인가? 율리우스 카이사르(Gaius Julius Caesar)

공화정 로마 시대의 정치가, 군인이자 문필가. 로마 명문 귀족 가문에서 탄생. 영어 발음으로 쥴리어스 시저. 로마 번영의 기초를 닦음. '웨니 위디 위키, Veni, vidi, vici -왔노라 보았노라 이겼노라', '데키무스 유니우스 브루투스 알비누스- 부르투스여 너 마져' 등 유명한 말들을 남겼음.

오늘 명언의 유래는? (alea iacta est/ alea jacta est)

'주사위는 던져졌다'는 율리우스 카이사르가 기원전 49년 1월 12일 군대를 이끌고 루비콘 강을 건너 이탈리아 북부로 진격하면서 했던 말이라고 알려진 문장이다.

카이사르는 루비콘 강을 건너면 당시 로마의 국법을 어기는 것이고 다시 돌아올 수 없는 내전으로 치닫는다는 것을 강조하면서 이 말을 사용했다고 하며 그 이후로 "돌이킬 수 없는 전환점", "다시 돌아올 수 없는 길"을 의미할 때 이 어구를 인용한다.

매일 쓰는 회화표현

I'll miss you so much. 네가 너무 보고 싶을 거야.

If I were a bird I would fly to you. 당신이 보고 싶어 미칠 것 같아요.
= I feel like I'm going crazy because I miss you so much.

I missed you so much. 정말 보고 싶었어
= I really wanted to see you.
I was hoping to see you again.

I mean it. 정말 [진심]이라고.
= I mean it definitely.

I didn't mean it. 본심이 아니었어.

This time I mean it. 이번엔 농담하는 거 아니예요.

You don't mean it. 농담이겠지.

Stop shitting on me. 날 그만 깔아뭉개라.

Stop kidding me. 웃기는 소리 하지마.

What do you mean? 무슨 말씀이신지요?
= I don't get it.
I'm not with you.

That make sense. 말이 되네.
I think you're right.
You could be right.

That doesn't make sense. 말도 안 되는 소리.

줄줄 나와야 할 표현

개가 물에서 나와 몸을 흔들어 물을 털어냈다.
The dog came out of water and shook off water.
itself out

창문을 열어 놓은 채로 외출하지 마라.
Don't go out with the windows open.

'소주 한 잔'은 누구 노래?
Who sings "A Glass of Soju?"

네 18번 노래는?
What's your favorite song?

What's your favorite song to sing in Karaoke?
노래방에서 즐겨 부르는 노래는 어떤 곡인지?

What's your favorite song from the Beatles?
Beatles 노래 중에 네가 좋아하는 것은 무엇이지?

심화 학습 2

실전유형 문제

빈칸에 가장 알맞은 것을 고르시오.

01. The ceiling repair work in the auditorium is scheduled to end _____ April 20.

(A) on (B) at (C) in (D) during

02. The upcoming workshop will be held _____ conference room B.

(A) with (B) for (C) in (D) on

03. The mayor asked residents to learn more _____ the city's history in order to support its tourism industry.

(A) about (B) to (C) with (D) at

04. Merry has an appointment with one of her clients _____ 2 p.m.

(A) at (B) in (C) on (D) to

05. To apply for this position, please send us your résumé _____ your full work experience.

(A) if (B) while (C) by (D) with

Unit 10

접속사
(Conjunctions)

기초영어 | Basic English

고리처럼 양쪽을 이어주는 접속사!

접속사는 문장 내에서 말과 말을 서로 이어주는 연결고리 역할을 한다. 길고 복잡해 보이는 문장도 접속사를 알고 있으면 쉽게 이해할 수 있다.

이 귤은 달다. **그리고** 시원하다.

'이 귤은 달다'와 '시원하다'라는 문장이 '그리고'로 연결되어 있는데, 이와 같이 단어와 단어, 구와 구 또는 절과 절을 연결하는 것을 접속사라고 한다.

접속사의 종류에는 등위접속사, 상관접속사, 종속접속사가 있다.

01 등위접속사와 상관 접속사

1.1. 등위접속사

등위접속사는 단어-단어, 구-구, 또는 절-절 등 문법적으로 대등한 문장 요소들을 연결한다. 연결 요소가 단어일 경우에는 같은 품사를 연결하는 것이 원칙이다. 명사와 형용사를 연결하지는 않는다.

종류	의미	예문
and	첨가(~와, 그리고, 그러면)	I bought a skirt **and** a shirt. 나는 치마와 셔츠를 샀다.
but	대조(그러나)	I like dolphins **but** I don't like sharks. 나는 돌고래는 좋아하지만 상어는 좋아하지 않아.
or	선택(또는, 그렇지 않으면)	You can stay **or** go. 남아도 되고 가셔도 돼요.
so	원인, 결과(그래서)	I sprained my right ankle, **so** I went to see the doctor. 오른쪽 발목을 삐어서 병원에 갔어요.

1.2. 상관접속사

등위접속사의 의미를 강조하기 위해 등위접속사로 연결되는 두 요소 앞에 부사를 추가하여 사용하는 경우에, 이 부사와 등위접속사를 합쳐서 상관접속사라 부른다. 상관접속사는 짝으로 사용되는 부사와 등위접속사가 정해져 있으며, 반드시 이 짝에 맞추어 사용해야 한다.

John likes apples **and** mangoes. John은 사과와 망고를 좋아한다.
John likes **both** apples **and** mangoes. John은 사과와 망고 둘 다 좋아한다.

both A and B A와 B 둘 다	She is **both** rich **and** intelligent. 그녀는 부자이면서 동시에 총명하다.
either A or B Ask B 둘 중 하나	You can have **either** tea **or** coffee. 차나 커피를 마실 수 있다.
neither A nor B A와 B 둘 다 아닌	**Neither** John **nor** I went to the party. John도 나도 파티에 가지 않았다.
not only A but also B (=B as well as A) A뿐만 아니라 B도	The soup **not only** tastes good **but also** is good for your health as well. 수프는 맛이 좋을 뿐만 아니라 건강에도 좋다.

02 종속접속사

나는 키가 너무 작기 **때문에** 농구하는 것을 좋아하지 않는다.

나는 키가 너무 작다에 '~때문에'를 붙이면 농구하는 것을 싫어하는 이유를 설명해 줄 수 있다. 이렇게 '~때문에'와 같이 주절을 보충 설명해 주는 절을 이끄는 접속사를 종속접속사라고 한다. 종속접속사에는 명사절, 형용사절(관계절), 부사절 접속사가 있다. 여기에서는 명사절과 부사절을 살펴보고, 다음 단원에서 형용사절(관계절)을 대해 자세히 알아보기로 한다.

2.1. 명사절

주어와 동사를 품은 채 명사 역할을 하는 절!

명사절은 말 그대로 문장 내에서 명사 역할을 하는 절이다.

2.1.1. 명사절의 형태

명사절의 형태는 '명사절 접속사 + 주어 + 동사'

He didn't know **that the shirt was so small**. 그는 그 셔츠가 그렇게 작은지를 몰랐다.

2.1.2. 명사절 접속사 종류

명사절 접속사는 '절'이 명사 역할을 하여 문장에서 주어, 목적어, 보어 자리에 오도록 이끄는 것으로 that, if/whether, 그리고 의문사가 있다.

종류	의미	특정 동사
that	~라는 것	announce, show, indicate, explain, request
whether/if	~인지 아닌지	decide, determine, find out

She believes **that** she will get a promotion. 그녀는 자신이 승진할 것이라고 믿는다.
I don't know **if** she will be promoted. 그녀가 승진할 지 모르겠어요.
We are wondering **who** will be promoted. 우리는 누가 승진할지 궁금하다.

2.1.3. 명사절의 자리와 쓰임

2.1.3.1. 명사절 접속사 that

[주어] **That he won the race** isn't surprising.
그가 경주에서 이겼다는 것이 놀라운 일이 아니다.

[목적어] I believe **that he is honest.**
나는 그가 정직하다는 것을 믿는다.

[보어] His problem is **that he is too lazy**.
그의 문제는 그가 너무 게으른 것이다.

2.1.3.2. 명사절 접속사 whether/if

whether는 문장에서 주어, 동사의 목적어, 전치사의 목적어, 보어로 쓰인다. whether는 주어, 목적어, 보어가 되는 절을 모두 이끌 수 있지만, if는 동사의 목적어와 보어로만 쓰인다.

[주어] **Whether he will come or not** depends upon the weather.
그가 올지 안 올지는 날씨에 달려 있다.

[목적어] I wonder **whether she knows me or not.**
나는 그녀가 나를 알고 있는지 아닌지 궁금하다.
The shareholders will vote on **whether they need to change the CEO.**
주주들은 CEO를 바꿀 필요가 있는지에 대해 투표를 할 것이다.

[보어] The question is **whether you do it well or not.**
문제는 네가 그것을 잘하느냐 못 하느냐이다.

[목적어] We can check **if our flight will depart on schedule.**
비행기가 예정대로 출발하는지 확인할 수 있다.

[보어] Our concern is **if we can catch the train.**
우리의 관심사는 우리가 기차를 탈 수 있을까 하는 것이다.

2.1.3.3. 의문사

의문사가 이끄는 의문사절도 명사절이 될 수 있다.

종류	when, where, who, what, how, why

Who stepped on my foot is a mystery. 누가 내 발을 밟았는지는 수수께끼다.

I don't remember **where I put my bag**. 가방을 어디에 두었는지 기억이 안 나요.

This is **what I expected**. 내가 예상했던 대로야.

John asked me **how he should operate the coffee machine**.
John은 나에게 커피 자판기를 어떻게 작동시켜야 하는지 물었다.

의문사 who와 what은 의문대명사로 그 자체로서 명사 역할을 하기 때문에, who와 what 뒤에는 **불완전한 문장**이 온다.

He asked **who cleaned the garden**. **[who 뒤에 주어가 없음]**
그는 누가 정원을 청소했는지 물었다.

I don't care **what you have to say**. **[타동사 say 뒤에 목적어가 없음]**
네가 무슨 말을 하든 상관없어.

의문사 when, where, how, why는 의문부사로서 문장에 있어도 되고 없어도 되는 부사 역할을 하기 때문에, when, where, how, why 뒤에는 **완전한 문장**이 온다.

Nobody knows **when the meeting will start**. 회의가 언제 시작될지 아무도 모른다.

Where I picked up flowers is a secret. 내가 어디서 꽃을 꺾었는지는 비밀이다.

How she managed customers caused many problems.
그녀가 어떻게 고객을 관리했는지는 많은 문제를 야기시켰다.

John doesn't understand **why his son gave up school**.
John은 그의 아들이 왜 학교를 그만두었는지 이해하지 못한다.

2.2. 부사절

접속사가 이끄는 문장이 다른 문장을 수식하는 기능을 할 때, 그 접속사를 부사절 접속사라고 한다. 주절(접속사가 없는 절)과 부사절의 위치는 서로 바뀔 수 있는데, 부사절이 먼저 나오면 그 뒤에 쉼표를 찍어 주절과 구별한다.

Because he was busy, John couldn't attend the meeting.

John couldn't attend the meeting **because he was busy**.
존은 바빠서 회의에 참석할 수 없었다.

종류	접속사
시간	after, as soon as, before, by the time, since, until, when/as, while
조건, 가정	if, unless
양보	although, though, even though, whereas, while
이유	because, as, since, now that, in that
목적	so that, in order that
결과	so/such ~that
제외	except that

2.2.1. 시간을 나타내는 부사절 접속사

We arrived **after the movie had started**. 우리는 영화가 시작되고 나서 도착했다.

Turn off the lights **before you leave**. 떠나기(퇴근) 전에 불을 끄세요.

We won't leave **until the police get here**. 경찰이 올 때까지 우린 떠나지 않을 거야.

He hasn't written to us **<u>since</u> he moved to Britain**.
그는 영국으로 이사간 이후로 우리에게 편지를 쓰지 않았다.

<u>When</u> I get stressed, I take walk for a while. 나는 스트레스를 받으면 잠시 산책을 한다.

She likes to dance **<u>while</u> she is singing**. 그녀는 노래하는 동안 춤추는 것을 좋아한다.

2.2.2. 조건, 가정을 나타내는 부사절 접속사

if는 실현 가능성이 '조건'과 실현 가능성이 없는 '가정'을 나타내는 접속사이다.

If you miss the bus, I can give you a ride. **[조건]**
버스를 놓치시면, 제가 태워다 드릴게요.

If I were you, I would not do that. **[가정법 과거]**
내가 너라면, 그렇게 하지 않을 거야.

If he had studied harder, he could have passed the exam. **[가정법 과거완료]**
만약 그가 더 열심히 공부했더라면, 그는 시험에 합격할 수 있었을 텐데.

2.2.2.1. 조건절

조건절은 미래에 발생할 수 있는 경우에 쓰는 문장이다.

If + 주어 + 현재시제, 주어 + can/will + 동사 원형 / 명령문(~라면, ...할 것이다)

If you study harder, **you can get** a scholarship.
공부를 더 열심히 하면, 장학금을 받을 수 있다.

2.2.2.2. 가정법 과거

가정법 과거는 현재 사실의 반대 경우를 가정해 보는 표현이다.

If + 주어 + 과거시제, 주어 + could/would + 동사 원형(만약 ~라면, ...할 것이다)

If I were a bird, **I would fly** to you. 내가 새라면, 너에게 날아갈 텐데. (무척 보고 싶다.)

If it were a holiday today, **we could go** to the amusement park.
만약 오늘 휴일이었다면, 우리는 놀이공원에 갈 수 있을 텐데.

2.2.2.3. 가정법 과거완료

가정법 과거완료는 과거 사실의 반대 경우를 가정해 보는 표현이다.

If + 주어 + had p.p., 주어 + could/would + have p.p.(만약 ~했다면, ...했을 것이다)

If I had helped him, **he would have succeeded.**
내가 그를 도왔더라면, 그는 성공했을 것이다.

2.2.2.4. 'if ~not'과 같은 의미의 unless

'~하지 않는 한, '~하지 않는다면' 의미로 쓸 수 있다.

If you do **not** exercise regularly, you will gain weight.

= **Unless** you exercise regularly, you will gain weight.
만약 네가 규칙적으로 운동을 하지 않는다면, 살이 찔 것이다.

2.2.2.5. 양보를 나타내는 부사절 접속사

Although she was sick, she went to work. 그녀는 아팠지만 일하러 갔다(직장에 출근했다).

It was very cold **though** I was wearing my coat. 코트를 입고 있었지만 매우 추웠다.

Even though I was tired, I went to the party. 나는 피곤했지만 파티에 갔다.

While I understand your point, I simply do not agree with you.
나는 너의 요점(네가 말하려는 것)을 이해하지만, 나는 도저히 너의 의견에 동의하지 않는다.

2.2.2.6. 이유, 목적, 결과, 제외를 나타내는 부사절 접속사

He was very angry **because** I was late. **[이유]**
내가 늦었기 때문에 그는 매우 화가 났다.

Since it's your birthday, I'll buy you a cup of coffee.
네 생일이니까 내가 커피 한 잔 사줄게.

Jay feels tired **as** she stayed up last night.
Jay는 어제 밤을 새서 피곤하다.

He works so hard **so that** he may support his large family. **[목적]**
그는 대가족을 부양하기 위해 열심히 일한다.

He spoke **so** clearly **that** we could hear every word. **[결과]**
그가 아주 분명하게 말을 해서 우리는 모든 말을 들을 수 있었다.

I don't know what he looks like, **except that** he is very tall. **[제외]**
키가 매우 크다는 것 외에는 그가 어떻게 생겼는지 모르겠다.

03 발음 연습

[l]과 [ɫ] 소리를 연습해 보세요.

label	lady	land	language	Latin
launch	learn	left	leisure	letter
level	loose	low	luck	lobby
film	realm	kiln	full	wool
hole	whirlpool	golf	fault	boldface

A **lady** never crosses her **legs**.
숙녀는 절대 다리를 꼬지 않는다.

Life has treated him **roughly**.
삶이 그를 거칠게 대했다. 그의 삶은 험했다.

I **realized** my mistake too **late**.
나는 내 실수를 너무 늦게 깨달았다.

Liz had started **learning** Russian quite **late** in **life**.
Liz는 꽤 늦게 러시아어를 배우기 시작했다.

She came forward **looking** neither right nor **left**.
그녀는 오른쪽도 왼쪽도 보지 않고 앞으로 나왔다.

I found **filming** terribly exhausting.
촬영은 지독하게 힘들었어요.

She went swimming in the hotel **pool**.
그녀는 호텔 수영장에 수영하러 갔다.

He was dressed in a good **wool** suit.
그는 좋은 모직 양복을 입고 있었다.

He played **golf** at least twice a week.
그는 적어도 일주일에 두 번 골프를 쳤다.

위의 소리를 다음 팝스 영어에서 확인하며 불러보세요.

04 팝스 영어

Let It Be

Sung by Beatles

When I find **myself** in times of trouble,
Mother Mary comes to me
Speaking words of wisdom,
Let it be.

And in my hour of darkness
She is standing right in front of me
Speaking words of wisdom,
Let it be.

Let it be, **let** it be.
A-**let** it be, **let** it be.
Whisper words of wisdom,
Let it be.

And when the broken-hearted **people**
Living in the **world** agree,
There **will** be an answer,
Let it be.

For though they may be parted,
There is **still** a chance that **they** will see.
There will be an answer,
Let it be.

Let it be, **let** it be.
Let it be, **let** it be.
Yeah, there **will** be an answer.
Let it be.

Let it be, **let** it be.
A-**let** it be, **let** it be.
Whisper words of wisdom,
Let it be.

Let it be, **let** it be.
A-**let** it be, **let** it be.
Whisper words of wisdom,
Let it be.

And when the night is **cloudy**,
There is **still** a **light** that shines on me.
Shine **until** tomorrow,
Let it be.

I wake up to the sound of music,
Mother Mary comes to me
Speaking words of wisdom,
Let it be.

Yeah, **let** it be, **let** it be.
Let it be, yeah, **let** it be.
Oh, there **will** be an answer,
Let it be.

Let it be, **let** it be.
Let it be, **let** it be.

Yeah, there **will** be an answer.
Let it be.

Let it be, **let** it be.
A-**let** it be, **let** it be.
Whisper words of wisdom,
Let it be.

어휘

1. find oneself: 알고 보니 어떤 상태에 있다
   I ***found myself*** caught in a trap. 알고 보니 함정에 빠져있었다.

2. in times of trouble: 어려운 시기에, 곤경에 처해있을 때
   Real friends are people who will be there for you ***in times of trouble***.
   진정한 친구란 어려운 시기에 곁에 있어주는 사람들이다.

3. words of wisdom: 지혜로운 말, 지혜로운 말씀

4. let ~ be: ~을 내버려두다, 상관치 않다
   어떤 일로 너무 고민하지 말고, 자연스럽게 흘러가게 두란 뜻. 그냥 내버려 두면, 다 잘 될 거라는 말.

5. broken-hearted: 상심한, 실연한, 비탄에 잠긴
   He has been ***broken-hearted*** since his wife died.
   그는 아내가 죽은 후 실의에 빠져 지낸다.

6. agree = together: 함께, 같이하다

7. for though = even though: 비록 ~일지라도

8. see = understand: 이해하다, 깨닫다

9. shine: 비치다, ~을 뛰어나게 잘하다
   Mary struggles in school right now, but one day she will ***shine***.
   Mary는 지금 학교에서 공부를 잘 못하고 있지만, 언젠가는 능력을 발휘할 겁니다.

10. wake up to something: ~ 때문에 잠이 깨다, 어떤 중요한 일을 깨닫게 되다

I ***woke up to*** the sound of the alarm clock. 자명종 소리에 잠이 깼다.

I wish my son would ***wake up to*** the fact that he is about to fail English.
우리 아들이 영어 과목 낙제하게 생겼다는 걸 좀 깨달았으면 좋겠다.

가사 해석

힘든 자신의 모습을 발견할 때,
어머니, 마리아는 나에게 다가와
지혜로운 말씀을 해주셨지, 그냥 내버려 두라고,

그리고 내가 암흑의 시간 속에 있을 때
어머니는 바로 내 앞에 서계시며
지혜의 말씀을 해주시죠, 그냥 내버려 두라고.

내버려 둬, 내버려 둬, 내버려 둬, 내버려 둬,
지혜의 말씀을 속삭여 주시죠, 그냥 내버려두라고

세상의 모든 상처 입은 사람들이
함께 아파할 때
해답이 있을 거에요, 그냥 내버려두라고....

비록 그들이 떨어져 있다 할지라도
깨달을 기회는 아직 있어요
해답이 있다는 걸.... 그냥 내버려두라고....

구름이 잔뜩 낀 밤에
날 비추는 한 줄기 빛이 있어요.
내일까지 비칠 거에요, 그냥 내버려두세요.
음악 소리에 잠을 깨죠
어머니, 마리아는 내게 다가와
지혜의 말씀을 들려주면서, 그냥 내버려두라고

연습문제

A. 다음 문장에서 알맞은 것을 고르세요.

01. The man is not only gentle (and / but) also sweet.
02. Which one is better, the green one (but / or) the gray one?
03. The story is short and (easy / easily).
04. This coat is nice (but / and) it's too expensive.
05. Dale had some steak (nor / as well as) beer last night.
06. He was sick yesterday, (but / so) he stayed at home.

B. 다음 문장에서 that 명사절을 찾아 밑줄을 치세요.

01. I know Owen is one of your best students.
02. It is important that we meet regularly.
03. Gary says you will visit my office today.
04. I agree you are the smartest among my friends.
05. My boss thought she couldn't come to the meeting.
06. The point is that you should finish your project by next month.

C. 다음 문장에서 알맞은 것을 고르세요.

01. Harry wondered (who / where) made this cake.
02. (When / What) makes you happy?
03. Kelly is speaking about (how / what) she thinks about the topic.
04. We know (who / why) Adam was upset.
05. Did you tell Tim (when / where) you arrived here?

D. 다음 문장에서 알맞은 것을 고르세요.

01. I will make a snowman (when / while) it snows.
02. We talked (when / while) we were having dinner.

03. (After / Before) taking a shower, I dressed up for the party.

04. He has read this book every day (since / before) I bought it.

05. Please knock on the door (after / before) you come in.

06. Can you wait (until / while) I finish my work?

E. 다음 문장에서 알맞은 것을 고르세요.

01. Please do (as / though) I say.

02. (As / Despite) she gets older, she becomes more sensitive.

03. John works hard (since / though) he needs money.

04. (Although / Because) Ms. Parker hates children, she lives alone.

05. Tom wants to meet you (as / even though) he has something to say.

06. The store has been successful (because / since) Mr. Loy became the owner 3 years ago.

F. 주어진 문장을 <보기>와 같이 가정법 문장으로 알맞게 바꾸세요.

〈보기〉

Benny dosen't know how to swim, so she will not go to the beach.
→ If Benny knew how to swim, she would go to the beach.

01. Joe does not know the truth, so he is not surprised.

➡ ______________________________

02. Henry was sick, so he could not pass the test.

➡ ______________________________

03. Ron is busy, so he will not com to your party.

➡ ______________________________

04. Cindy did not know your address, so she could not come to your place.

➡ ______________________________

심화 학습 1

오늘의 속담

He would climb the ladder must begin at the bottom.

?A journey of a thousand ri begins with one step.
천 리의 여정은 한 걸음부터 시작된다.

= Step after step the ladder is ascended.
사다리는 한 걸음씩 올라간다.

= Great things often come from small beginnings.
위대한 일도 대개 작은 시작에서 비롯된다.

= Take care of the little things and the big things will take care of themselves.
작은 일을 돌보라, 그러면 큰일은 저절로 된다.

= All things are difficult before they are easy.
모든 것은 쉬워지기 전에는 어려웠다.

Andrew Carnegie, America's richest man in the late 1800s, showed that ***he who would climb the ladder must begin at the bottom.*** He started his career as a low paid clerk.

bottom: 맨 아래 — I found some coins at the ***bottom*** of my bag.
내 가방 바닥에서 동전 몇 개를 찾았다.

career: 직장(사회) 생활 — She started her ***career*** as an English teacher.
그녀는 영어 교사로 사회생활을 시작했다.

직역

1800년대 후반 미국의 최고 갑부였던 앤드류 카네기는 사다리를 오를 사람은 밑바닥에서부터 시작해야 한다는 것을 보여주었다. 그는 월급이 적은 점원으로 일을 시작했다.

의역

1800년대 미국에서 가장 부호였던 Andrew Carnegie는 **"천 리 길도 한 걸음부터(사다리를 오르고자 하는 사람은 밑에서부터 시작해야 한다)"**라는 말을 보여준 사람이다. 그는 아주 적은 월급을 받는 점원으로 시작했다.

[속담의미]

머나먼 천 리 길을 가더라도 처음 한 걸음을 시작하는 것이 중요하다는 말로, 무슨 일이든지 그 일의 시작이 중요하다는 뜻이에요. 시작이 반이다.

천리나 되는 먼 길을 가려 해도 먼저 한 걸음부터 떼야겠지요? 큰일을 이루기 위해서도 마찬가지예요. 눈앞의 작은 일부터 하나하나 해야 한답니다.

매일 쓰는 회화표현

It depends. 그건 형편 [경우]에 따라 다르지. 사정에 따라 다르겠지.

It depends on the situation. 그건 상황에 따라 달라요.
It's different for every case.

Case by case

(There is) No answer. 대답 [인기척]이 없다.
Make no reply = answer nothing

Whoops! 아차! [이크! 이런!]
이키, 아이고(하마터면 사고를 당할 뻔했거나 무엇을 깨뜨릴 뻔했거나 하는 경우에 놀라서 지르는 소리)
아이코, 어머나(무심코 실수를 했거나 무례한 말을 했거나 비밀을 누설했거나 하는 경우에 내는 소리)

Oh!, O dear! O my! Heaven
Oh my goodness! Oh my gosh!

I got it. 알겠습니다.
I hear what you are saying. = I see

단어 All right 알겠어요. - 사과와 용서
Understand?, Do you understand?, You got it? 알겠어요?
righto 알겠어요(남의 진술·주문 등을 받아들일 때 하는 말)
eureka 유레카, 알겠어, 바로 이거야(무언가를, 특히 질문에 대한 답을, 알아냈을 때 기쁨을 나타내는 말)

줄줄 나와야 할 표현

입어 [신어] 볼까요?
May I try it on?

양말을 뒤집어 신었네.
Your socks are on inside out.
= You seem to have your socks on inside out.
You've got your socks on inside out.
You're wearing your socks inside out.

요즘 계절답지 않게 날씨가 이례적으로 춥다. 이맘때치고는 유난히 춥다.
It's unusually cold for this time of the year.
especially
particularly

네 속치마가 보인다. one's slip is showing 슬립이 드러나 보인다, 출신이 알 만하다
Your slip is showing. (YSIS.)

네 내복이 내비친다. 속옷이 훤히 들여다보인다.
Your underwear is seen through.
Your underwear is showing (through). 속옷이 비쳐요.

세상사가 다 그런 것 아닙니까? (☞ 그런 일은 다반사로 일어나니 너무 상심하지 마라.)
어쩔 수 없는 일이야!, 세상사란 다 그런 거야.
That's the way it goes. (TTWIG) Maybe you'll have better luck next time.
That is the way things happen.
It's like that sometimes.

심화 학습 2

실전유형 문제

빈칸에 가장 알맞은 것을 고르시오.

01. We will begin selling tickets for the opera on Friday _____ Saturday.
(A) and (B) or (C) also (D) so

02. All new employees should attend _____ the June 10 orientation and the July 5 workshop.
(A) and (B) either (C) nor (D) both

03. _____ reviewers praised the movie, it failed commercially.
(A) When (B) Although (C) And (D) Because

04. The company picnic has been rescheduled _____ it will rain all weekend.
(A) since (B) even though (C) after (D) if

05. The survey will determine _____ our company releases a new model in our HIT tablet computer series.
(A) that (B) either (C) while (D) whether

Unit 11

관계사

(Relatives)

기초영어 | Basic English

두 문장을 자연스럽게 연결하는 관계사!

두 문장에 같은 대상이 있을 때, 반복되는 말을 대신하면서 두 문장을 이어주는 것이 관계사이다. 관계대명사는 <접속사 + 대명사>의 역할을 하고, 관계부사는 <접속사 + 부사>의 역할을 한다.

01 관계대명사와 관계부사의 이해

1.1. 관계대명사절이 만들어지는 과정

관계대명사는 두 문장에서 중복되는 명사(구)를 관계대명사로 바꾼 다음 두 문장을 연결하면 관계대명사절이 된다.

I watched **a movie**. + **The movie** was very touching.
나는 영화를 봤다. 그 영화는 매우 감동적이었다.

1. 두 번째 문장에서 중복된 요소를 대명사로 바꾼다.

   I watched **a movie**. + **It** was very touching.

2. 대명사를 격에 맞추어 관계대명사로 바꾼다.

   I watched **a movie**. + **Which** was very touching.

3. 첫 문장의 마침표를 없애고 한 문장으로 결합한다.

   I watched a movie **which was very touching**. 나는 아주 감동적인 영화를 보았다.
   (a movie: 선행사 / which was very touching: 관계대명사 절)

1.2. 관계부사절이 만들어지는 과정

관계부사란 관계대명사처럼 주절의 명사를 수식하지만, 대명사가 아닌 부사의 역할을 하는 것을 말한다. 즉, 관계부사란 <전치사 + 관계대명사>를 대신하는 접속사로, 관계부사를 포함하고 있는 절을 관계부사절 이라고 한다.

The city held the job fair. + I lived **in the city**.
시에서 취업 박람회를 열었다. 나는 그 시에 산다.

1. 두 번째 문장에서 선행사와 같은 장소를 나타내는 부사구를 문장 앞으로 이동시킨다.

   The city held the job fair. + **In the city,** I lived.

2. 두 번째 문장에서 선행사와 같은 장소 명사를 관계대명사로 바꾼다.

   The city held the job fair. + **In which,** I lived.

3. 관계대명사절의 <전치사 + 관계대명사>를 선행사에 맞는 관계부사로 대체한다.

   The city where I lived held the job fair. 내가 사는 도시는 취업 박람회를 열었다.

주어 + 동사 + 목적어 + **관계대명사** + 타동사 +목적어
주절 관계대명사절

주어 + 동사 + 목적어 + **관계부사** + 주어 + 타동사 + 목적어 + 부사
주절 관계부사절

---

02 관계대명사의 기능

첫째, 대명사의 기능을 하는 관계대명사는 각각의 격에 따라 관계대명사 절에서 주격, 목적격, 소유격으로 구분해서 사용되어야 한다.

둘째, 선행사가 사람인지 아니면 사물인지를 구분해서 그에 어울리는 관계대명사를 사용한다. 관계대명사 절의 수식을 받는 명사인 이 선행사는 주로 관계대명사 바로 앞에 위치한다.

선행사	주격	목적격(생략 가능)	소유격
사람	who + 동사 + 나머지	whom + 주어 + 동사 + (목적어가 없는) 나머지	whose + 명사 +동사
사물	which + 동사 + 나머지	which + 주어 + 동사 + (목적어가 없는) 나머지	of which + 명사 + 동사 whose + 명사 +동사
공통	that + 동사	that + 주어 + 동사 + (목적어가 없는) 나머지	없음

2.1. 주격 관계대명사

관계대명사가 주어로 쓰이면 '주격 관계대명사'를 쓴다. 주격 관계대명사 뒤에는 동사가 이어진다.

This the boy **who** broke the window. 창문을 깬 사람이 이 소년이다.
I bought a novel **which** is very interesting. 나는 아주 재미있는 소설책 한 권을 샀다.
I want a man **that** can speak English well. 나는 영어를 잘하는 남자를 원한다.
A lion is an animal **that** lives in Africa. 사자는 아프리카에 사는 동물이다.

2.2. 목적격 관계대명사

관계대명사가 타동사나 전치사의 목적어로 쓰일 경우 '목적격 관계대명사'를 쓴다. 목적격 관계대명사 뒤에는 <주어 + 동사>가 이어진다.

She is the woman **whom** I met in Greece. 그녀는 내가 그리스에서 만났던 여자이다.
He returned the book **which** he borrowed from the library.
그는 도서관에서 빌린 책을 반납했다.
This is the house in **which** he lives. 이것이 그가 살고 있는 집이다.

2.3. 소유격 관계대명사

관계대명사가 바로 뒤의 명사를 수식할 경우 '소유격 관계대명사'를 쓴다. 소유격 관계대명사 뒤에는 수식을 받는 명사가 온다.

That is the boy **whose** sister is a singer. 저 소년의 여동생이 가수이다.

YB is an organization **whose** aim is to promote education.
YB는 교육 진흥을 목적으로 하는 단체이다.

2.4. 관계대명사의 생략 및 관계대명사 what

2.4.1. <관계대명사 + be 동사>의 생략

2.4.1.1. 주격 관계대명사의 생략

관계대명사가 주격이고 뒤에 동사가 <be + p.p.> 또는 <be + -ing> 형태일 경우 관계대명사와 be 동사를 함께 생략할 수 있다.

Look at the people **(who are)** singing merrily. 즐겁게 노래하고 있는 사람들을 보세요.
This is the book (**which was**) witten by Mr. Kim. 이것은 Mr. Kim이 쓴 책이다

2.4.1.2. 목적격 관계대명사의 생략

관계대명사가 관계대명사 절 동사의 목적어로 쓰일 때는 생략할 수 있다. 이때 선행사 바로 뒤에 나오는 주어와 동사를 문장 전체의 주어, 동사로 착각하지 않도록 주의한다.

She is the girl **(whom)** I know well. 그녀는 내가 잘 아는 소녀이다.
The chair **(which)** he is sitting on is broken. 그가 앉아 있는 의자가 망가졌다.

2.4.2. 관계대명사 what

관계대명사 what은 그 자체에 선행사를 포함하고 있어 what 앞에는 선행사가 올 수 없다. what이 이끄는 절은 '~하는 것(=the thing(s) which)'으로 해석되며, 명사처럼 주어, 목적어, 보어 역할을 한다.

[주어] **What he said** was true. 그가 말한 것이 사실이었다.

[목적어] I don't know **what you mean**. 네가 말하려 하는 것을 모르겠다.

[보어] This is **what the article says**. 이것이 기사가 말하려는 것이다.

03 관계부사

부사 역할을 하는 관계부사에는 시간을 나타내는 when, 장소를 나타내는 where, 이유를 나타내는 why, 방법을 나타내는 how가 있다. 어떤 관계부사를 쓸지는, 문장의 전후 맥락이나 선행사를 보고 결정해야 한다.

의미	선행사	관계부사
시간	the time, the day, the year 등 시간을 나타내는 표현	when
장소	the place, the building 등 장소를 나타내는 표현	where
이유	the reason	why
방법	(the way) 'the way'와 'how'는 함께 쓸 수 없고 둘 중 하나만 씀	how

[시간] Today is the day **when** we start the new semester.
오늘은 새 학기가 시작되는 날이다.

[장소] This is the house **where** he lives.
이것이 그가 살고 있는 집이다.

[이유] Do you know the reason **why** he was angry?
그가 왜 화가 났는지 이유를 알아요?

[방법] Please tell me **how** you solved the problem.
그 문제를 어떻게 해결했는지 알려주세요.

I will ask him **the way** you solved the problem.
당신이 문제를 해결한 방법을 그에게 물어보겠습니다.

04 발음 연습

[r] 소리를 연습해 보세요.

rub	rake	right	reap	raid
RAM	race	razor	ramp	rate
reader	rest	wrong	crew	fry
free	breach			

The **Government response** to the **recent riots** was **firm**.
최근의 폭동에 대한 정부의 반응은 단호했다.

Robert was **reading** his **paper** by the light of his gas lamp.
Robert는 가스 램프 불빛으로 신문을 읽고 있었다.

A tall lean woman in a long **dress** climbed into a **Rolls Royce**.
긴 드레스를 입은 키가 크고 날씬한 여자가 롤스로이스에 올라탔다.

I **rushed** into the hotel lobby, **where our** luggage was still pile high.
나는 서둘러 호텔 로비로 들어갔고, 그곳에는 여전히 우리의 짐이 높이 쌓여 있었다.

There is a close link between a **rising rate** of unemployment and a **rising** suicide **rate**. 증가하는 실업률과 자살률 사이에는 밀접한 관계가 있다.

위의 소리를 다음 팝스 영어에서 확인하며 불러보세요.

05 팝스 영어

Someone Like You

Sung by Adele

I **heard** that **you're** settled down
That you found a **girl** and **you're married** now
I **heard** that **your dreams** came **true**
Guess she gave you things, I didn't give to you
Old **friend**, why **are** you so shy?
Ain't like you to hold back **or** hide **from** the light

I hate to **turn** up out of the blue, uninvited
But I couldn't stay away, I couldn't fight it
I had hoped you'd see my face
And that you'd be **reminded** that **for** me, it isn't **over**

Never mind, I'll find someone like you
I wish nothing but the best **for** you, too
"Don't **forget** me," I beg
"I'll remember," you said
Sometimes it lasts in love, but sometimes it **hurts** instead
Sometimes it lasts in love, but sometimes it **hurts** instead

You know how the time flies
Only **yesterday** was the time of **our** lives
We were **born** and **raised** in a **summer** haze
Bound by the **surprise** of our **glory** days

I hate to **turn** up out of the blue, uninvited

But I couldn't stay away, I couldn't fight it
I had hoped you'd see my face
And that you'd be **reminded** that **for** me, it isn't **over**

Never mind, I'll find someone like you
I wish nothing but the best for you, too
"Don't **forget** me," I begged
"I'll remember," you said
Sometimes it lasts in love, but sometimes it **hurts** instead

Nothing **compares**, no **worries** or **cares**
Regrets and mistakes, **they're memories** made
Who would have known how **bittersweet** this would taste?

Never mind, I'll find someone like you
I wish nothing but the best **for** you
"Don't **forget** me," I beg
"I'll **remember**," you said
Sometimes it lasts in love, but sometimes it **hurts** instead

Never mind, I'll find someone like you
I wish nothing but the best **for** you, too
"Don't **forget** me, " I begged
"I'll **remember**," you said
Sometimes it lasts in love, but sometimes it **hurts** instead
Sometimes it lasts in love, but sometimes it **hurts** instead

어휘

1. settle down: 정착하다, 진정하다

   Don't you think it's about time to get married and ***settle down***?
   이제 결혼해서 정착할 때라고 생각하지 않니? 이제 결혼해서 정착해야지?

OK, class, it's time to ***settle down*** and listen to me.
자, 학생 여러분, 이제 진정하고, 제 얘기를 들으세요.

2. come true: '(소망이나 꿈이) 이뤄지다, 실현되다' 오랫동안 바라던 일이 실제로 이뤄지는 것을 말한다.

Winning an Olympic gold medal was my dream ***come true***.
올림픽에서 금메달을 따는 건 내 꿈이 이뤄지는 것이었다.

3. hold back: ~을 참다, 억제하다

I was unable to ***hold back*** my tears. 눈물을 참을 수가 없었다.

Unable to ***hold back***, we screamed with laughter.
우리는 참을 수가 없어서 웃음을 터뜨렸다.

4. turn up: (사람이) 도착하다, 나타나다; 잃어버린 물건이 '나타나다

We were supposed to meet at noon at the airport, but he never ***turned up***.
정오에 공항에서 만나기로 했는데, 그 사람이 나타나지 않았다.

If you lost your cell phone in the house, it'll eventually ***turn up***.
집에서 휴대전화를 잃어버렸으면, 결국에는 나타날 것이다.

5. out of the blue: 갑자기, 난데없이, 느닷없이

I haven't heard from Jane for years. And one day, ***out of the blue***, she showed up at my door.
몇 년 동안 Jane에게서 연락을 받지 못했는데. 어느 날 갑자기 Jane이 우리 집에 찾아왔다.

6. stay away: (~에게) 접근하지 않다, 멀리 있다, 떨어져 있다

The actress got a restraining order for her stalker to ***stay away***.
그 여배우는 따라다니면서 괴롭히는 사람이 접근하지 못하게 금지 명령을 받아냈다.

7. never mind: 신경 쓰지 말다, 걱정하지 말다

Have you seen my cell phone? I cannot find it. Oh, ***never mind***. Here it is.
혹시 내 휴대전화 못 봤어요? 찾을 수가 없네요. 오, 신경 쓰지 마세요. 여기 있네요.

8. nothing but: 오직, 단지 ~일 뿐

Peter buys ***nothing but*** organic food. Peter는 유기농 식품만 산다.

9. the time of our lives = the best time of our lives 우리 인생 최고의 시간

가사 해석

당신이 정착했다는 얘기를 들었어요
한 여자를 만나서 결혼했다는 얘기를
당신의 꿈이 이뤄졌다는 얘기를 들었어요
내가 당신에게 주지 못한 걸 그 여자가 주었나 보네요
오래된 친구여, 왜 그렇게 겁을 먹나요?
억제하려고 하거나 숨으려고 하는 건 당신답지 않아요

느닷없이 불청객으로 나타나는 걸 좋아하진 않아요
하지만 찾아오지 않을 수 없었어요, 참을 수가 없었어요
당신이 내 얼굴을 보고 떠올리길 바랐어요
나는 아직 끝나지 않았다는 걸

신경 쓰지 마세요, 당신 같은 사람을 찾을 거예요
(저도) 당신에게 좋을 일만 일어나길 바라요
날 잊지 마세요, 애원해요
당신이 말했던 걸 기억해요
때로는 추억이 사랑 속에 영원하기도 하지만, 아픔을 주기도 한다는 걸

당신도 알죠 시간이 얼마나 빨리 지나가는지
우리 인생 최고의 시간이 바로 어제 같은데
우리는 태어나서 자랐죠
여름철 안갯속에서
놀라울 정도로 찬란했던 우리 지난날에 매여서

느닷없이 불청객으로 나타나는 걸 좋아하진 않아요
하지만 찾아오지 않을 수 없었어요, 참을 수가 없었어요
당신이 내 얼굴을 보고 떠올리길 바랐어요
나는 아직 끝나지 않았다는 걸

신경 쓰지 마세요, 당신 같은 사람을 찾을 거예요
(저도) 당신에게 좋을 일만 일어나길 바라요
날 잊지 마세요, 애원해요
당신이 말했던 걸 기억해요
때로는 추억이 사랑 속에 영원하기도 하지만, 아픔을 주기도 한다는 걸

아무것도 비교되지 않아요
아무 걱정 없고
후회와 실수
추억일 뿐이죠
추억이 이렇게 씁쓸하면서도 달콤한 맛일지 누가 알았겠어요?

신경 쓰지 마세요, 당신 같은 사람을 찾을 거예요
(저도) 당신에게 좋을 일만 일어나길 바라요

날 잊지 마세요, 애원해요
당신이 말했던 걸 기억해요
때로는 추억이 사랑 속에 영원하기도 하지만, 아픔을 주기도 한다는 걸

신경 쓰지 마세요, 당신 같은 사람을 찾을 거예요
(저도) 당신에게 좋을 일만 일어나길 바라요
날 잊지 마세요, 애원해요
당신이 말했던 걸 기억해요
때로는 추억이 사랑 속에 영원하기도 하지만, 아픔을 주기도 한다는 걸
때로는 추억이 사랑 속에 영원하기도 하지만, 아픔을 주기도 한다는 걸

연습문제

A. 다음 문장에서 알맞은 것을 고르세요.

01. A thief is a person (who / which) steals things.

02. Please recommend movies (Who / which) are good for children.

03. I met a woman (that / those) sister is a doctor.

04. I know the girl (who / whose) parents won the lottery.

05. I found the purse (that / those) Ann lost yesterday.

06. The movie (who / which) I went to last night wasn't interesting.

07. That's (what / which) I like about him.

08. There's nothing (what / which) people don't know about her.

09. I remember the day (when / which) I went Chicago.

10. I know the company (when / where) Linda has worked since last year.

B. 주어진 문장을 <보기>와 같이 관계사를 사용하여 한 문장으로 만들어 보세요.

〈보기〉

Thee is a boy. He is wearing sunglasses.
→ There is a boy **who** is wearing sunglasses.

This is the house. I was born in it.
→ This is the house **where** I was born.

01. I know a store. It sells various office supplies.

➡ ____

02. The woman is so tall. She lives next door.

➡ ______________________________

03. I remember the man. I met him at the conference.

➡ ______________________________

04. We met a candidate. Her résumé was amazing.

➡ ______________________________

05. James joined another firm. He gained a lot of experience at the firm.

➡ ______________________________

심화 학습 1

오늘의 속담

We must suffer much or die young.

?The only place you can have it easy is in your coffin.
네가 편히 지낼 수 있는 유일한 곳은 네 관 안에 있는 거야.

= Life isn't easy.
산다는 것이 쉬운 일이 아니다.

= Life is no picnic.
산다는 것은 소풍가는 것처럼 즐거운 일이 아니다.

= He that lives long suffers much.
오래 사는 사람은 그만큼 고통도 많이 경험하게 된다.

"Life is no bed of roses," said the teacher to his students who complained of their tedious and difficult studies. He added, "***We must suffer much or die young***."

tedious: 짜증 나는, 지루한

I'm tired of such ***tedious***[mindless] work.
그런 단순 작업에는 이제 질렸다.

suffer: 시달리다, 고통받다

It was not my intention that she should ***suffer***.
그녀를 고통받게 하는 것이 내 의도는 아니었다.

직역

지루하고 힘든 학업에 불만을 품은 학생들에게 선생님은 "인생은 장미의 침대가 아니다"라고 말했다. 그는 많은 고통을 받거나 젊어서 죽어야 한다고 덧붙였다.

의역

"인생이란 달콤한 것만은 아니다."라며 공부에 싫증을 내고 힘들게 느끼는 학생들에게 선생님이 말했다. 덧붙여서 **"편하게 살고 싶으면 관속으로나 가라(많은 역경을 겪기 싫으면 젊어서 죽어야 한다)"**고 했다.

속담 의미

우리가 먹은 음식이 우리 몸을 이루듯 우리 마음도 어떤 양식을 먹느냐에 따라 마음 상태도 달라진다. 실패라고 생각하는 순간 실패가 될 것이며 가능성이라고 생각하는 순간 기회와 성공이 눈앞에 있을 것이다.

일장춘몽=호접지몽=인생 뭐 있나?

한바탕의 봄 꿈이라는 뜻이다. 인생의 모든 부귀영화가 꿈처럼 덧없이 사라지는 것을 비유하는 말로 한낱 꿈, 부질없는 일, 쓸모없는 생각 등을 가리킨다.

철저한 계획과 준비가 없이 막연하게 먼 미래의 꿈만 꾼다면 어떠한 인생도 허무하게 끝날 수 밖에 없다는 뜻으로 많이 사용된다. 한 치 앞을 내다볼 수 없는 인생을 살면서 한결같이 노력하는 자세가 필요하다는 의미를 내포하고 있다.

매일 쓰는 회화표현

The same to you. [Same to you. You, too.]
너도.
(인사에 대한 답으로) 당신도 그러시기를 바래요, (모욕 등에 대한 대꾸로) 당신도 마찬가지이다

(the) same to you with (brass) knobs 당신이야말로[자네야말로] ((비아냥거리는 말대꾸))

I'll do the same to you some day. 언젠가 네게 같은 짓을 해 주겠다.

He's gone for the day. 그는 퇴근했습니다.

leaving work, arriving home from work 퇴근하다

To leave home for a workplace or to arrive at a workplace, to work. 출근하다

I'm broke. 나는 알거지야. 빈털터리야. 나 돈 한 푼도 없어.

I'm clean broke myself. I'm totally broke.

It tastes good [bad, sweet, bitter, sour, hot, mild, strong, burning].
맛이 좋아! [나빠, 달아, 써, 시어, 매워, 순해, 독해, 얼얼해]

줄줄 나와야 할 표현

무슨 일로 그렇게 서두르지?
What's your rush [hurry]?
Slowly! Don't rush! 서두르지 마!

세상 참 좁네요.
It's a small world.
= What a small [funny] world!

여기서 당신을 만날 줄이야!
It's a small world.
What a surprise to meet you here.
It's strange to see you here.

내일 아침 최우선으로 그 일을 해라.
Do it first thing tomorrow morning.

우리는 내일이면 결혼한 지 꼭 1년이다.
We got married just a year ago tomorrow.

여행자 수표를 현금으로 바꿔 주실 수 있습니까?
Can I cash travelers checks here?

이 100달러 지폐를 잔돈으로 바꿔 주실 수 있습니까?
Can you break this 100 dollars bill for me?

20달러 3장, 10달러 3장, 나머지는 1달러로 주십시오.
Let me have three twenties, three tens and the rest in ones.

심화 학습 2

실전유형 문제

빈칸에 가장 알맞은 것을 고르시오.

01. A free keyboard is provided to customers _____ purchase this latest model.

(A) whom (B) who (C) whose (D) which

02. Artists who _____ to display work at next month's exhibition should contact John.

(A) wish (B) wishes (C) to wish (D) wishing

03. Please review the itinerary before the time _____ you leave for the convention.

(A) where (B) when (C) how (D) why

04. We sent a manual _____ you should read to install the program.

(A) whom (B) which (C) whose (D) who

05. Yammyfood Inc. _____ head office is in Paris specializes in food processing.

(A) who (B) whom (C) whose (D) which

Unit 12

특수구문

– 비교(Comparison), 병렬(Juxtaposition), 도치(Inversion)

기초영어 I Basic English

01 비교 구문

자기 PR 시대, 비교도 잘해야 해!

나는 너**보다** 키가 크다.　　　　　　　　우리 중에서 내가 **제일 크다**.

'나는 너**보다** 키가 크다' 혹은 '우리 중에서 내가 **제일 크다**'와 같이 두 가지 혹은 세 가지 이상의 대상을 서로 견주어 비교하는 구문을 비교 구문이라고 한다. 비교 구문은 형용사나 부사의 형태를 바꿔 둘 이상의 대상을 비교하는 것으로 원급, 비교급, 최상급으로 나타낼 수 있다.

1.1. 원급, 비교급, 최상급의 형태

형용사나 부사의 원급을 비교급 및 최상급으로 만들 때는 다음과 같이 몇 가지 규칙이 있다.

형용사 / 부사의 형태	원급	비교급	최상급
1음절의 짧은 단어	cheap	cheap**er**	the cheap**est**
-e로 끝나는 단어	safe	safe**r**	the safe**st**
<단모음 + 단자음>의 단어	thin	thin**ner**	the thin**nest**
<자음 + y> 끝나는 단어	busy	bus**ier**	the bus**iest**
2음절 이상의 긴 단어	important	**more** important	**the most** important
불규칙 변화	good / well bad / ill many / much little	**better** **worse** **more** **less**	**the best** **the worst** **the most** **the east**

1.2. 원급, 비교급, 최상급을 나타내는 문장의 형태

두 개 대상을 비교할 때 원급은 '~만큼 ...하다'라는 뜻으로 동등한 정도를 나타내며, 비교급은 '~보다 더 ...하다'라는 뜻으로 어느 한쪽이 더 큰 정도를 나타낸다. 최상급은 '가장 ~하다'라는 뜻으로 비교의 대상이 되는 것 중 성질이나 상태가 가장 큰 것을 나타낸다.

원급	John is **as tall as** my brothers. John은 내 형제들 만큼 키가 크다.
비교급	John is **taller than** my brother. John은 내 남동생보다 키가 크다.
최상급	John is **the tallest** boy in our class. John은 우리 반에서 가장 키가 큰 소년이다.

1.2.1. 원급

1.2.1.1. 원급의 형태

다음은 원급의 기본적인 두 가지 형태이다.

as + 형용사 [부사] + as : ~만큼 ...한[하게]	Sally runs **as fast as** Mike Sally는 Mike 만큼 빨리 달린다. John eats **as quickly as** his father. John은 그의 아버지만큼 빠르게 먹는다.
as + many[much] + 명사 + as: ~만큼이나 많은	I ate **as many as** three apples. 나는 사과를 세 개나 먹었다. You have **as much money as** me. 당신도 나만큼 돈이 많군요.

1.2.1.2. 원급을 쓰는 관용 표현

1.2.1.2.1. the same (+ 명사) + as: ~와 똑같은

Merry is **the same age as** me. Merry는 나와 동갑이다.

1.2.1.2.2. as + 원급 + as possible / as + 원급 + as one can[could]: 가능한 한 ~하게

I'd like to done **as soon as possible**. 가능한 한 빨리하고 싶어요.

= as soon as you can

1.2.1.2.3. 배수 + as + 원급 + as: ~보다 몇 배나 ...한

My college is **twice as big as** yours. 우리 대학은 너희 대학보다 두 배나 크다.

1.2.2. 비교급

1.2.2.1. 비교급의 형태

우등비교	형용사 / 부사 + -er (than 비교 대상) more 형용사 / 부사 (than 비교 대상)	~보다 더 ...한/하게
열등비교	less 형용사 / 부사 (than 비교 대상)	~보다 덜 ...한/하게

You speak English **better than** I do. 너는 나보다 영어를 더 잘한다.

Your book was **more expensive than** mine. 네 책이 내 책보다 더 비쌌어.

The food here is **less spicy than** before. 여기 음식은 예전보다 덜 맵다.

1.2.2.2. 비교급을 강조하는 부사: much, even, still, far, a lot (훨씬 더 ~하다)

She got a **much better** grade **than** me. 그녀는 나보다 훨씬 좋은 점수를 받았다.

Today is **a lot colder than** yesterday. 오늘은 어제보다 훨씬 더 춥다.

1.2.2.3. 관용 표현

the + 비교급, the + 비교급	~하면 할수록 더...하다	**The more, the better.** 많으면 많을수록 좋다.
비교급 and 비교급	점점 더 ~한	It's getting **hotter and hotter**. 날씨가 점점 더 더워지고 있다.
the + 비교급 + of the two	둘 중에서 더 ~한	Jerry is **taller of the two**. Jerry는 둘 중 키가 더 크다.

1.2.3. 최상급

1.2.3.1. 최상급의 형태

the 형용사 / 부사 + -est **the most 형용사 / 부사**	가장 ~한/하게	John is **the tallest** student in my class. John은 우리 반에서 가장 키가 큰 학생이다. **The most important** thing of all is health. 무엇보다도 가장 중요한 것은 건강이다.

1.2.3.2. 관용 표현

the + 서수 + 최상급	몇 번째로 가장 ~한	Busan is **the second largest** city in Korea. 부산은 한국에서 둘째가는 대도시이다.
one of the + 최상급 + 복수 명사	가장 ~한 사람/것 중 하나	She is **one of the richest people** in this town. 그녀는 이 마을에서 가장 부유한 사람 중 한 명이다.

02 병렬 구문과 도치 구문

따뜻하고 맛있는 호빵!

나는 **전혀** 지루하지 않다. **전혀** 나는 지루하지 않다.

'따뜻한 호빵'과 '맛있는 호빵'은 접속사 '그리고'를 이용해서 '따뜻하고 맛있는 호빵'이라고 할 수 있다. 두 개의 요소가 접속사로 이어질 때는 같은 품사가 오는 것을 '병렬 구문'이라고 한다.

위의 문장에서처럼, 강조하고자 하는 말이 문장 앞으로 나와 '주어 + 동사'의 어순이 바뀌는 것을 '도치 구문'이라고 한다.

2.1. 병렬 구문

2.1.1. 품사 병렬

병렬 구문에서는 같은 품사끼리 연결해야 한다. 즉 명사-명사, 동사-동사, 형용사-형용사, 부사-부사끼리 연결해야 한다.

Merry is both **rich** and **intelligent**. Merry는 부자이면서 동시에 총명하다.

We can **send** a letter or **call** you. 편지를 보내거나 전화할 수 있다.

The new machine is neither **efficient** nor **fast**.
그 새 기계는 효율적이지도 않고 빠르지도 않다.

John edited the letter **quickly** and **correctly**. John은 빠르고 정확하게 문서를 편집했다.

2.1.2. 구조 병렬

병렬 구문에서는 같은 구조끼리 연결해야 한다. 동명사-동명사, 부정사-부정사, 전치사구-전치사구, 명사절-명사절로 연결해야 한다.

Merry is responsible for not only **analyzing data** but also **reviewing reports**.
Merry는 데이터 분석뿐만 아니라 보고서 검토도 담당한다.

The team needs **to work overtime** or **to ask for an extension**.
그 팀은 야근을 하거나 연장을 요청해야 한다.

The meeting will be held either **in the morning** or **at night**.
회의는 아침이나 밤에 열릴 것이다.

He remembered **what he did** and **why he did it**.
그는 자신이 무엇을 했고 왜 그랬는지 기억했다.

2.2. 도치 구문

2.2.1. 가정법의 도치

가정법 문장에서 if가 생략되면 if 절의 동사가 주어 앞으로 나온다.

If + 주어 + were ~	→ Were + 주어 ~
If + 주어 + had p.p. ~	→ Had + 주어 + p.p. ~
If + 주어 + should + 동사원형 ~	→ Should + 주어 + 동사원형 ~

If I **were** a bird, I would fly to you.

→ **Were** I a bird, I would fly to you. 내가 만약 새라면, 너에게 날아갈 수 있을 텐데.

If I **had helped** him, he would have succeeded.

→ **Had** I **helped** him, he would have succeeded.
내가 그를 도왔더라면, 그가 성공했을 텐데.

If the guest speaker **should come** late, we will show the video first.

→ **Should** the guest speaker **come** late, we will show the video first.
혹시 초청 연설자가 늦게 온다면, 우리는 비디오를 먼저 상영할 것이다.

2.2.2. 부정의 의미를 나타내는 부사

다음과 같이 부정의 의미를 나타내는 부사 never, hardly, seldom, rarely 등이 문장의 맨 앞으로 가면 도치가 일어난다.

I had **never** seen such a great view.

→ **Never** had I seen such a great view. 나는 이렇게 멋진 경치를 본 적이 없다.

2.2.3. 유일한 경우를 강조

'only + 부사/부사구/부사절'을 문장의 맨 앞으로 보내면 도치가 일어난다.

The manager **only recently** heard the news.

→ **Only recently** did the manager hear the news.
매니저는 최근에야 그 소식을 들었다.

03 발음 연습

[p], [t], [k]와 [p'], [t'], [k'] 소리를 연습해 보세요.

pie	tea	king	sprite	strawberry
skate	deep	foot	knock	apple-pie
back up	pick-up	spare tire	aspirin	picnic
picket	scarlet	speak	spiderman	Scotch

Hey, **look at** this. 어이, 이 것 좀 봐.

I'm **sick and tired** of **it**. 이젠 지긋지긋해요.

It was a **rip-off**. 바가지 썼어.

Take a **look at** the **map**. 지도를 보세요.

I'm always happy **to help out**. 항상 기꺼이 도와드리겠습니다.

I'm so sorry **to keep on coughing**. 계속 기침해서 정말 미안해요.

They've **got to hunt** for food **to keep** alive. 그들은 살기 위해 먹이를 사냥해야 한다.

I'll **pick it up** on my way **to work**. 출근하는 길에 가지러 갈게요.

I think you're **going to like it** here. 여기가 마음에 드실 것 같은데요.

The prices are variable, so **shop around** by all means.
가격은 변동이 심하니, 무슨 수를 써서라도 여기저기 다니세요.

The **local shopkeepers** were all t**rying to rip off** the **tourists**.
지역 상점 주인들은 모두 관광객들에게 바가지를 씌우려 하고 있었다.

The **first step** was **to call** in some **writers kick** around ideas.
첫 번째 단계는 일부 작가가 아이디어를 발동하도록 요청하는 것이었습니다.

위의 소리를 다음 팝스 영어에서 확인하며 불러보세요.

04 팝스 영어

Bridge Over Troubled Water

Sung by Simon and Garfunkel

When you're weary, feeling small
When **tears** are in your eyes,
I will dry them all.
I'm on your side,
Oh, when **times** get rough
And friends just **can't** be found.

Like a bridge over **troubled water**
I will lay me down.
Like a bridge over **troubled water**
I will lay me down.

When you're down and **out**
When you're on the **street**
When evening falls so hard
I will **comfort** you.

I'll **take** your **part**,
Oh, when **darkness comes**
And **pain** is all around.

Like a bridge over **troubled water**
I will lay me down.
Like a bridge over **troubled water**
I will lay me down.

Sail on silver girl.
Sail on by.

Your time has **come** to shine.
All your dreams are on their way.

See how they shine.
Oh, if you need a friend,
I'm sailing right behind.

Like a bridge over **troubled water**
I will ease your mind.
Like a bridge over **troubled water**
I will ease your mind.

어휘

1. wear = tired: 피곤한, 지친; 지루한

   He had a ***weary*** smile. 그 남자는 피곤한 표정으로 웃었다.

   a ***weary*** wait 지루한 기다림

2. on someone's side: ~의 편

   I'm glad that you are ***on my side***. 당신이 내 편이라서 기쁩니다.

3. rough: 힘들다, 험하다; 대충 어림짐작

   I had a ***rough*** time during exam. 시험 보는 동안 힘들었다.

   I want to buy that car. Give me a ***rough*** figure.
   저 자동차를 사고 싶은데 대충 얼마인지 알고 싶다.

4. be + down and out: 빈털터리인, 노숙자 신세인; 잘 지내지 못하다

   When you're down and **out.** = When you are not doing well.

He seems to ***be down and out*** on this one. 그는 노숙자 신세인 것 같았다.

You seem rather down today. 오늘 기분이 우울해 보이네요.

Don't let me down. 실망 시키지 마세요.

5. take someone's part = take someone's side: ~의 편이 되다

6. all around: 도처에, 사방에

   Every year, there are cherry blossom festivals ***all around*** Korea.
   매년 전국에서 벚꽃 축제가 열린다.

7. shine: 빛나다; 어떤 분야에서 뛰어나다

   Someday you will ***shine***. 언젠가 너도 빛을 볼 거야.

8. I'm sailing right behind. = I will be right there to support you.

가사 해석

그대 지치고, 초라하게 느껴져서
그대 눈에 눈물 고이면
제가 모두 닦아 드리겠어요
전 그대 편이에요
사는 게 힘들어지고
친구 하나 찾을 수 없을 때

험한 세상을 건너는
다리가 돼드릴께요
험한 세상을 건너는
다리가 돼드릴게요

그대 잘 지내지 못하고
거리를 방황할 때
견디기 어려운 저녁이 찾아오면
제가 위로해 드릴게요

그대의 편이 되드릴게요.
어둠이 깔리고
주위에 고통 만이 가득할 때

험한 세상을 건너는
다리가 돼드릴께요

험한 세상을 건너는
다리가 돼드릴게요
그대 계속 노 저어 가세요
노 저어 지나가세요

이제 그대가 빛을 발할 때가 찾아왔어요
그대의 모든 꿈이 이뤄지고 있어요.

얼마나 빛나는 지 보세요.
혹시 친구가 필요하다면
바로 뒤에 제가 있어요

험한 세상의 다리처럼
그대 마음 편히 해드릴게요
험한 세상의 다리처럼
그대 마음 편하게 해드릴게요

연습문제

A. 다음 문장에서 알맞은 것을 고르세요.

01. Justine is as (intelligent / intelligently) as Henry.
02. Linda worked as (quick / quickly) as I expected.
03. Linda's salary is (same / the same) as mine.
04. Yesterday, I went bed (early / earlier) than usual.
05. Business is (good / better) this month than it was last month.
06. This car is (more / much) expensive than the other one.
07. My baggage is (much / more) heavier than yours.
08. He is (richer / the richest) of all Asians.
09. Everest is (the highest / the most high) mountain in the world.
10. Yesterday was the (most hot / hottest) day of year.

B. 다음 문장에서 알맞은 것을 고르세요.

01. I found a store (convenient / conveniently) and calm while I was shopping.
02. We must keep universities running (smooth / smoothly) and efficiently.
03. Teaching is learning and seeing is (believing / to believe).
04. There are many old Buddhist temples (that / in) and around Kyongju.
05. He lived both in America and (in Korea / Korea).

C. 다음 문장에서 알맞은 것을 고르세요.

01. (Hard /Hardly) can they be surprised to watch the scene.
02. Only (that / then) did I understand what she meant.
03. (Should / Will) I see David, I'll ask him to call you.
04. (Am / Were) I you, I wouldn't believe that lady.
05. (Have / Had) I had your phone number, I could have called you last night.

심화 학습 1

오늘의 속담

Even Homer nods sometimes.

?Good swimmers often drown.
수영을 잘하는 사람은 종종 익사한다.

= To err is human.
인간이라면 한 번쯤 실수한다.

= Pride is a flower that grows in the devil's garden.
교만은 악마의 정원에서 자라는 한 송이 꽃이다.

= Pride goes before a fall.
실패 앞에는 교만이 간다.

The famous professor became visibly confused when he was confronted with an unexpected question during a debate. ***Even Homer nods sometimes.***

visibly:
눈에 띄게, 분명히

She has **visibly** blossomed over the last few months.
그녀는 지난 몇 달 동안 얼굴이 눈에 띄게 활짝 피었다.

be confronted with:
직면하다

You will ***be confronted with*** difficulty if you do it by yourself.
혼자서 그것을 하면 어려움에 직면할 것이다.

debate: 토론, 토의, 논의

As the ***debate*** went on, tempers began to fray.
토론이 진행되자 신경들이 날카로워지기 시작했다.

직역

그 유명한 교수는 토론 도중 뜻밖의 질문에 직면했을 때 눈에 띄게 혼란스러워졌다. 호머도 가끔 고개를 끄덕인다.

의역

그 유명한 교수는 토의 도중 예상치 않은 질문을 받고 눈에 띄게 당황했다. **원숭이도 나무에서 떨어질 때가 있는 법이다(Homer도 졸 때가 있다, 헤엄 잘 치는 놈이 빠져 죽는다).**

속담 의미

'늘 하던 일이니까 문제없을 거야.'라고 자신만만했다가 실수한 적이 있을 거예요. 아무리 여러 번 해 봤던 일이라도, 잘하는 일이라도 간혹 실수할 수 있으니 자만하지 말고 겸허히 노력하는 자세가 필요해요.

아무리 능숙하고 잘하는 사람이라도 이따금 실수할 때가 있다는 말이에요.

원숭이는 나무 타기의 달인이지만 실수로 나무에서 떨어지기도 해요. 일을 아주 잘하는 사람도 때로는 실수할 수 있으니, 너무 속상해할 필요가 없다는 뜻이랍니다.

Homer도 가끔씩은 졸 때가 있다는 말은 아무리 훌륭하고, 뛰어난 사람도 가끔씩은 실수를 할 수 있다는 말로 읽힌다. 이 속담은 보통 "원숭이도 나무에서 떨어진다."는 우리말 속담에 비유하기도 한다. 우리말 사전의 설명은 이렇다.

아무리 익숙하고 잘하는 사람이라도 간혹 실수할 때가 있음을 비유적으로 이르는 말. ≒ 나무 잘 타는 잔나비 나무에서 떨어진다, 닭도 홰에서 떨어지는 날이 있다.

매일 쓰는 회화표현

Fantastic! [Terrific! Marvelous! Gorgeous! Perfect! Wonderful! Superb! Great!]
멋져! [최고야! 굉장하군!]

I'm sorry to have kept you waiting. 기다리게 해서 미안해.

Sorry to keep you waiting.
Sorry I made you wait.
I'm sorry to keep you waiting.

It's not worth it. [It's not worth doing it.] 그럴 필요 [가치]가 없어

I'm so sick and tired of it. 이젠 정말 물렸어. 지긋지긋해.

be sick and tired of
be[get] tired of (doing)
be sick to death of
be fed up (with)

Drat it (all)

MEGOGIGO [mí:gougáigou] 지겹다, 진절머리난다
MEGO + GIGO

My Eyes Glaze Over (눈이 흐려지도록) 시시한 일, (어려워서) 잘 이해가 안 되는 일

Garbage In !, Garbage Out !
'쓸데없는 것이 입력되면, 출력되는 것도 쓸데없는 것뿐'이라는 뜻으로, 컴퓨터에 불완전한 데이터를 입력하면 불완전한 답이 나올 수밖에 없다는 말.

watch paint dry
The job is a bitch.

Have you been sick and tired of having fun? 놀만큼 놀지 않았어?

줄줄 나와야 할 표현

식사는 주최 측에서 부담합니다.
This is on the house.
This is a free gift.
We'll throw this in.

방심하지 말라고.
You have to be [stay] on the ball.
Don't take any wooden nails! 방심하지 마라, 속으면 안 된다.
Keep up your spirits!
Pull yourself together!

무슨 일이든 만시지탄이란 없다.
It's never too late. (INTL)
It's never too late to mend.
(속담) 허물 고치는 데 너무 늦다는 법은 없다.

일행이 계십니까?.
Do you have company?

금요일 저녁은 다른 약속 하지 말고 비워 놓으라고.
Keep Friday night open.

심화 학습 2

실전유형 문제

빈칸에 가장 알맞은 것을 고르시오.

01. We believe that a job applicant's work history is _____ important as his or her education.

(A) like (B) much (C) as (D) less

02. Bonus payments will be _____ than they were last year.

(A) smaller (B) small (C) smallest (D) more small

03. Our accessory packages offer telephone customers the _____ selection of carrying cases and covers in the marketplace.

(A) wider (B) widest (C) more widely (D) most widely

04. The Golden Bridge is _____ wider than the bridge over the Kum River.

(A) more (B) very (C) much (D) most

05. _____ is the TV program popular with students, but it also appeals to their teachers.

(A) Not (B) Only (C) Only not (D) Not only

부록

정답 및 해설

기초영어 I Basic English

Unit 01 영어 문장(English Sentence)

연습문제

A. 01. I study hard. 열심히 공부한다.
02. Are you a student? 당신은 학생입니까?
03. Study hard. 열심히 공부하십시오.
04. Do you speak English? 영어 할 줄 아세요?
05. What a good idea! 좋은 생각이네요!

B. 01. **A nearby coffee shop** is offering discounts on drinks. **[구]**
근처 커피숍에서 음료 할인을 제공하고 있다.
02. Mr. Black does not know **where Ms. White lives**. **[절]**
Black씨는 White씨가 어디에 사는지 모른다.
03. The bus to Daejeon has been delayed **by 30 minutes**. **[구]**
대전행 버스가 30분 지연되었다.
04. The student applauded **when the lecture was over**. **[절]**
강의가 끝났을 때 학생은 박수를 보냈다.
05. **If you order within this week**, the delivery will be free. **[절]**
이번 주 이내에 주문하시면, 배송은 무료입니다.

C. 01. **Birds** sing. **[주어]**
새들이 노래한다. 새들이 지저귄다.
02. Time **flies** like an arrow! **[동사]**
시간은 화살처럼 난다! 시간은 쏜살 같이 흐른다.
03. She is a **pretty** girl. **[형용사]**
그녀는 예쁜 소녀이다.
04. He is **very** diligent. **[부사]**
그는 매우 부지런하다.
05. The book is **on** the table. **[전치사]**
책이 탁자 위에 있다.
06. I don't believe you **because** you are late again. **[접속사]**
당신이 또 늦었기 때문에 나는 당신을 믿지 않는다.

실전유형 문제

01. [해설] 문장은 '주어 + 동사' 형태를 갖추어야 한다. With my girl friend는 전치사구이고, 빈칸은 주어 자리이므로 동사 went의 주어로 올 수 있는 것은 주격이므로 'I'가 정답이다.
[해석] 내 여자 친구와 나는 지난 주말에 놀이동산(공원)에 갔다.
[어휘] amusement park 놀이동산

02. [해설] 관계 대명사 that이 있으므로 동사가 2개 있어야 한다. 본동사 is가 있으므로 관계사절(형용사절) 내에도 동사가 필요하다. 주어가 3인칭 단수 'my father'이므로 buys나 bought가 되어야 하므로 bought가 정답.
[해석] 나의 아버지께서 나에게 사주신 자전거는 아주 멋지다.

03. [해설] '친구들과 함께 노는 것보다 혼자 노는 것을 더 좋아한다.'는 의미이므로 재귀대명사의 관용적 표현인 by myself(=alone)가 정답이다. for myself는 '혼자 힘으로'라는 의미이다.
[해석] 나는 친구들과 함께 노는 것 보다는 오히려 혼자 노는 것을 더 좋아한다.
[어휘] prefer (다른 것보다) ~을 더 좋아하다, 선호하다

04. [해설] 복합명사 luncheon meeting(오찬 회의)을 수식하는 형용사 자리이다. 따라서 '정기적인'의미를 가진 형용사 regular가 정답이다.
[해석] 정기적인 오찬 회의가 연기되었다.
[어휘] regularly 정기적으로 regularity 정기적임 regularize 합법화[규칙화]하다

05. [해설] '주어 + 동사 + 목적어' 뒤에서 동사를 수식하는 부사 자리이다. 따라서 동사를 수식해서 '상당히 줄이다'라는 의미를 만드는 부사인 significantly가 정답이다. 부사는 수식어이므로 '수식요소'이므로 있어도 없어도 크게 상관없는 것이다.
[해석] 모든 부서는 비용을 상당히 줄일 것이다.
[어휘] signify 의미하다 significant 상당한; 중대한, 중요한

06. [해설] 주어와 동사 뒤에서 시점(the end of July)을 나타내는 명사와 함께 수식어구 역할을 할 수 있는 전치사 자리이다. 7월 말까지 축제가 '지속' 된다는 의미가 되어야 하므로 until이 정답이다.
[해석] 축제는 7월 말까지 지속될 것이다.
[어휘] continue 계속하다, 지속하다

07. [해설] 상관 접속사 문제로 'or'와 짝이 될 수 있는 표현인 'either A or B'이다.
[해석] 개인 수표 혹은 현금으로 지불 할 수 있다.
[어휘] payment 지불 (금액), 납입 (금액)

Unit 02 | 문장구조(Sentence Structure)

연습문제

A. 01. I go to Guam every winter. 나는 겨울마다 괌에 간다.
02. Birds fly high. 새들이 높이 날아간다.
03. Sometimes, he goes on a trip. 때때로 그는 여행을 간다.

04. We smiled at her. 우리는 그녀에게 미소를 지었다.
05. Freddie Mercury sings well. Freddie Mercury는 노래를 잘한다.

B. 01. I started a new job last month. 지난달에 새 직장을 시작했다.
02. Monica has a new boyfriend. Monica는 새로운 남자 친구가 있다.
03. They like to sing. 그들은 노래하는 것을 좋아한다.
04. We drank some water. 우리는 물을 마셨다.
05. He took medicine. 그는 약을 먹었다(복용했다).

C. 01. I passed the test. 시험에 합격했다.
02. He got a driver's license. 그는 운전 면허증을 받았다(취득했다).
03. That small store sells ice cream. 저 작은 가게에서 아이스크림을 판다.
04. Bring your umbrella with you. 우산을 가져 오십시오..
05. Can you take me to the airport? 공항까지 데려다줄 수 있습니까?

D. 01. You look tired. 피곤해 보인다.
02. She is popular. 그녀는 인기가 있다.
03. That sounds great. 멋지네요.
04. This soup smells good. 이 수프 냄새가 좋아요.
05. I found the movie interesting. 영화가 흥미롭다는 것을 알았다.

E. 01. The boys (on the playing ground) ran (very fast).
소년들이 경기장에서 아주 빠르게 뛰었다.
02. There were (many) people (injured in the accident).
많은 사람이 사고로 부상을 당했다.
03. (Our scheduled) meeting will be held (in room 103 on time).
예정된 회의가 정시에 103호실에서 열립니다.
04. Water is (very) important (to plants and wildlife).
물은 식물과 야생 동물에게 매우 중요하다.
05. She left the keys somewhere (in the house).
그녀는 집 어딘가에 열쇠를 두고 나갔다.

실전유형 문제

01. [해설] 주어(All employees)가 있고 목적어(the meeting)이 있으므로, 빈칸은 동사 자리이다. 그러므로 주어가 복수이므로 복수 동사 attend가 정답.
[해석] 모든 직원들이 회의에 참석한다.
[어휘] attendance 출석, 참석 attentive 주의[귀]를 기울이는, 배려하는, 신경을 쓰는

02. [해설] Mr. Kim이 '주어'이고, '동사' has가 있으므로, 빈칸은 목적어 자리이다. 목적어 자리에는 명사가 올 수 있다. '권한'이라는 의미를 가진 명사 authority가 정답.

[해석] Kim씨는 예산을 책정할 권한을 가지고 있다.
[어휘] budget 예산, (지출 예상) 비용　set the budget 예산을 책정하다
authorize 재가[인가]하다, 권한을 부여하다

03. [해설] 빈칸은 동사 is의 보어 자리이다. 보어 자리에는 명사와 형용사가 올 수 있는데, 빈칸에 명사가 오면 주어의 신분이나 정체를 설명하게 되어서 '설명서=쉬움 그 자체'라는 뜻이 된다. 반면, 빈칸에 형용사가 오면 주어의 성질이나 상태를 설명하게 되어서 '설명서는 쉽다'라는 뜻이 되므로 형용사 보어가 자연스럽다. 따라서 정답은 형용사 easy가 정답.
[해석] 그 설명서는 모든 사람이 이해하기 쉽다.
[어휘] manual (특히 기계 등을 사면 따라 나오는) 설명서

04. [해설] 동사 make 뒤에 목적어 the sofa가 있고, 그 뒤에 빈칸이 있으므로 빈칸은 make의 목적 보어 자리이다. 따라서 형용사인 comfortable이 정답이다. 'make + 목적어 + 목적 보어'(목적어를 ~하게 만들다')를 알아두자.
[해석] 이 기능은 소파를 더욱 편안하게 만든다.
[어휘] function (사람, 사물의) 기능　comfort 안락, 편안
comfortably 편안[편리]하게 수월하게, 아무 문제없이(=easily)

05. [해설] 주어(All products)와 동사(meet) 그리고 목적어(standards)가 있으므로, 빈칸은 명사를 꾸며주는 수식어 자리이다. 그러므로 형용사인 'rigorous(엄격한)'가 정답.
[해석] Eagle사에 의해 만들어진 모든 제품은 판매되기 전에 엄격한 기준을 충족해야 한다.
[어휘] rigor 엄함(=severity), 엄격, 준엄　rigors 고됨 (생활 등의), 곤궁, 고초
rigorously 엄격히, 엄밀히, 혹독하게

06. [해설] 주어(Merry)와 동사(opened) 그리고 목적어(five restaurants)가 있으므로, 빈칸은 동사를 꾸며 주는 수식어 자리이다. 그러므로 부사인 'successfully (성공적으로)'가 정답.
[해석] Merry는 작년에 서울에 성공적으로 다섯 개의 식당을 개업했다.
[어휘] success 성공, 성과

Unit 03 | 명사(Nouns)

연습문제

A. 01. These **books** were on the **desk**. 이 책들은 책상 위에 있었다.
02. The **food** tastes good today. 오늘 음식이 맛있어요.
03. She likes **handbags**. 그녀는 핸드백을 좋아해요.

04. We had a **cheese pizza** for **dinner**. 저녁으로 치즈피자를 먹었습니다.
05. Those are your **gloves**. 저건 당신 장갑이에요.
06. You look like my **uncle**. 당신은 내 삼촌처럼 보입니다.

B. 01. Please leave the **windows** open. **[목적어]**
창문을 열어 두십시오.
02. Your **pen** is in my pocket. **[주어]**
당신의 펜은 내 주머니에 있습니다.
03. They drank two **bottles** of wine last Saturday. **[목적어]**
그들은 지난 토요일에 두 병의 와인(와인 두 병)을 마셨다.
04. He became a **movie director**. **[주격보어]**
그는 영화감독이 되었다.
05. The **building** is my father's. **[주어]**
그 건물은 우리 아버지의 것(빌딩)이다.
06. We consider the man our **leader**. **[목적격보어]**
우리는 그 사람을 우리의 지도자라고 생각합니다.

C. 01. Wish me **luck**. 행운을 빌어줘요.
02. We had to move all the **furniture**. 우리는 모든 가구를 옮겨야 했다.
03. We bought three bottles of **wine**. 우리는 와인 3병을 샀다.
04. Three **men** visited the office today. 오늘 세 남자가 사무실을 방문했습니다.
05. He was talking to **a waitress**. 그는 웨이트리스와 이야기하고 있었다.
06. There were many **children** in the room. 방에 많은 아이들이 있었다.
07. **All** employees should attend the meeting. 모든 직원이 회의에 참석해야 합니다.
08. Each **applicant** must have a driver's license. 각 지원자는 운전 면허증이 있어야 합니다.

실전유형 문제

01. [해설] 형용사 more 다음에 빈칸이 있으므로 빈칸은 형용사의 수식을 받는 명사 자리이다. 따라서 명사를 나타내는 '–tion'으로 끝나는 information이 정답.
[해석] 더 많은 정보가 필요하시면, 저희 웹사이트를 방문하십시오.
[어휘] inform (특히 공식적으로) 알리다[통지하다] informational 정보의, 정보를 제공하는

02. [해설] 빈칸은 주어 자리로, 주어 역할을 하는 명사가 필요하다. 따라서 명사를 나타내는 '–tion'으로 끝나는 Invitation이 정답이다. 그런데 동사 have been sent는 복수형이므로 복수 명사인 Invitations가 정답이다.
[해석] 파티 초대장이 모든 회원들에게 발송되었다.
[어휘] invite 초대[초청]하다 invitation 초대[초청]장

03. [해설] 빈칸 앞에 their라는 소유격이 나와 있으므로 명사 자리이다. 그런데 명사 supervisors와 supervision 2개가 보인다, 명사가 두 개일 때는 동사의 뜻을

확인하면 되는데 meet with는 사람을 만난다는 의미이므로 사람명사인 supervisors가 정답이다.

[해석] 모든 직원들은 내일 각자의 상사들과 면담을 할 것이다.

[어휘] supervisor 감독관, 관리자; 지도교수 supervision 감독, 관리, 지휘, 감시, 통제 supervisory 감독(상)의, 관리(상)의

04. [해설] 전치사 for 뒤에는 목적어 역할을 할 명사가 필요한 자리. 따라서 명사를 나타내는 '–tion'으로 끝나는 renovation의 복수형인 renovations가 정답이다.

[해석] Habor가는 보수를 위해 폐쇄될 것이다.

[어휘] renovate (낡은 건물·가구 등을) 개조[보수]하다

05. [해설] 동사 make 뒤에 목적어 역할을 명사 자리이다. 빈칸 앞에 관사가 없고, 명사를 나타내는 끝말 '-sion'으로 된 복수 명사 decisions가 정답이다. make a decision 결정을 하다

[해석] 관리자들은 사업 전략에 대한 결정을 내린다.

[어휘] strategy 계획[전략] decide 결정하다 decidedly 확실히, 분명히 decisive 결정적인, 결단력[과단성] 있는

Unit 04 | 대명사(Pronouns)

연습문제

A. 01. **They** conduct a survey every year. 그들은 매년 설문 조사를 실시합니다.

02. **Our** service is reliable. 우리 서비스는 신뢰할 수 있습니다.

03. Mr. Jones will send the report to **him**. Jones는 그에게 보고서를 보낼 것입니다.

04. Of these ideas, the judge chose **mine**. 이 아이디어들 중에 심사위원은 내 것을 선택했다.

05. Is **it** your bicycle? 그것이 당신의 자전거입니까?

06. Johanson motivates **himself** to go the gym.
Johanson은 체육관에 가도록 동기를 부여한다.

B. 01. **Those** analysts predicted economic growth. 저 분석가들은 경제 성장을 예측했다.

02. There are 20 new articles on **this** list. 이 목록에 20개의 새로운 기사가 있다.

03. The cost of rent is higher than **that** of electricity. 집세가 전기세보다 비싸다.

04. **That** editor got an award last year. 저 편집자는 작년에 상을 받았다.

05. **Those** who are on duty cannot make personal calls.
근무 중인 사람들은 사적인 전화를 걸 수 없습니다.

06. **These** applications are used by business professionals.
이러한 응용 프로그램은 경영 전문가가 사용한다.

C. 01. The printer has **some** problems. 프린터에 문제가 있다.

02. I have not read **any** of these books. 나는 이 책들을 읽지 않았다.
03. Jim bought two shirts. One is black and **the other** is white.
Jim은 셔츠 두 장을 샀다. 하나는 검은색이고 나머지 하나는 흰색이다.
04. The company has many branches. One is in Florida, **another**, is in New York, and others are in California.
회사에는 많은 지점이 있다. 하나는 Florida에 있고 또 다른 하나는 Newyork에 있으며 또 다른 몇 군데는 California에 있다.
05. Ms. Lee met five clients. One is Korean, another is French, and **the others** are British.
Ms. Lee는 다섯 명의 고객들을 만났다. 한 명은 한국인이고, 또 다른 한 명은 프랑스인이고, 나머지 전부는 영국인입니다.

실전유형 문제

01. [해설] 빈칸 뒤에 동사가 있으므로 주어 자리이다. Ms. Kim을 대신할 수 있는 주격 대명사 she가 정답이다.
[해석] Ms. Kim이 퇴사한 이후에, 그녀는 카페 하나를 열었다.

02. [해설] 빈칸 뒤에 products라는 명사가 나와 있으므로, 명사 앞에 올 대명사를 고르는 자리이므로 명사를 수식하는 대명사 형태인 소유격 their가 정답이다.
[해석] 몇몇 자동차 제조사들이 그들의 제품에 대해 증가하는 수요를 경험하고 있다.
[어휘] experience 겪다, 경험하다 demand 요구, 수요 product 생산물, 상품, 제품

03. [해설] 빈칸 앞에 전치사 by의 목적어 역할을 할 수 있는 대명사가 필요하다. 전치사의 목적어로 쓰일 수 있는 것은 재귀대명사인 himself와 목적격인 him이다. 그런데 앞 절의 내용을 보면, 다른 모든 사람이 매우 바빴다고 하므로 John이 혼자 발표를 준비했다는 의미가 되어야 하므로 '주어=목적어'일 때 사용하는 재귀대명사 himself가 정답이다.
[해석] 사무실에 있는 다른 모든 사람들이 매우 바빴기 때문에, John이 혼자 발표를 준비해야 했다.
[어휘] prepare 준비하다[시키다]
presentation (신제품·작품 등에 대한) 발표[설명], 프레젠테이션

04. [해설] 빈칸 뒤에 'who + 동사'와 함께 쓰일 수 있는 대명사 자리이다. '~하는 사람들'이라는 의미를 나타낼 때 사용하는 대명사는 those이다.
[해석] 이번 달에 은퇴할 사람들을 기념하기 위해 송별회가 열릴 것이다.
[어휘] farewell party 송별회([구어] good-by party)
honor 존경하다 cf. in honor of ~을 기념하여, ~에게 경의를 표하여
retire 은퇴[퇴직]하다, 은퇴[퇴직]시키다

05. [해설] 빈칸 뒤에 'of the + 복수명사'가 왔으므로, '~들의 모두'라는 의미를 나타내

는 대명사 all이 정답.

[해석] 승객들은 모든 유람선이 심한 폭풍우로 인해 운항이 취소되었다고 안내를 받았다.

[어휘] passenger 승객 cruise 크루즈선, 유람선, 크루즈

Unit 05 동사(Verbs)

연습문제

A. 01. He **needs** some time. 그는 시간이 좀 필요합니다.
02. We **go** fishing once a month. 한 달에 한 번 낚시를 한다(낚시하러 간다).
03. John doesn't **have** a house. John은 집이 없다.
04. Horses **like** carrots. 말들은 당근을 좋아한다.
05. He and I **believe** you. 그와 나는 당신을 믿는다.
06. We **got** here last week. 우리는 지난주에 여기에 왔다.
07. Did you **go** there last month? 지난달에 거기 가셨어요?
08. Jim **slept** over at his friend's house last night. Jim은 어제 밤에 친구 집에서 잤다.
09. Sandra **visits** her mother every Sunday. Sandra는 매주 일요일에 어머니를 방문한다.
10. Claire did not take a bus to go to the shopping mall.
Claire는 쇼핑몰에 가기 위해 버스를 타지 않았다.

B. 01. I **sing** very well. **[완전 자동사]**
노래를 아주 잘해요(아주 잘 부른다).
02. Steve **arrived** at the park. **[완전 자동사]**
Steve가 공원에 도착했다.
03. The problem **remains** out of control. **[불완전 자동사]**
문제는 통제 불능 상태로 남아 있다.
04. The tie **looks** good on you. **[불완전 자동사]**
넥타이가 잘 어울린다.
05. The snow **falls** fast. **[완전 자동사]**
눈이 빨리 내린다.
06. Finally my dream **came true**! **[완전 자동사]**
드디어 꿈이 이루어졌다!

C. 01. He **showed** me his passport. **[타동사, 수여동사]**
그는 나에게 여권을 보여주었다.
02. Does this train **stop** at Daejeon Station? **[자동사]**
이 기차가 대전 역에 정차하나요?
03. We now **have** some breaking news. **[타동사]**
속보 몇 개가 있다.

04. Don't **break** our promise, please. **[타동사]**
우리의 약속을 어기지 마십시오.

05. Daniel **put** some sugar in his coffee. **[타동사]**
Daniel은 커피에 설탕을 조금 넣었다.

06. His face **turned** red because of a high fever. **[자동사]**
고열로 그의 얼굴이 빨개졌다.

D. 01. Let me **take** you to a fancy restaurant. 멋진 식당으로 데려다 드릴게요(데려 갈게요).
02. Don't expect her **to be** on time. 그녀가 제 시간(정시)에 올 것이라고 기대하지 마십시오.
03. He makes me **feel** comfortable. 그는 나를 편안하게 해준다.
04. The guard asks me **to stand** in line. 경비원은 나에게 줄을 서라고 요구한다.
05. These gloves will keep your hands **warm**. 이 장갑은 손을 따뜻하게 유지한다.
06. Please allow me **to demonstrate** it. 제가 그것을 시연할 수 있도록 허락해 주십시오..

실전유형 문제

01. [해설] 빈칸은 동사 자리이다. 주어가 3인칭 단수이므로 일반동사에 –s를 붙인 spends가 정답이다. usually는 '보통, 일반적으로'라는 뜻으로 반복되는 사실을 나타내는 현재형과 잘 어울리는 부사다.
[해석] John은 보통 월요일에 신입 직원들을 교육하는데 시간을 보낸다.

02. [해설] 빈칸 뒤에 30 years ago라는 명백하게 '과거'를 나타내는 표현이 있으므로 동사의 과거형이 와야한다. 따라서 established가 정답이다.
[해석] Merry는 30년 전에 이 회사를 설립했다.
[어휘] establish 설립[설정]하다 (=set up)

03. [해설] 알맞은 동사 어휘를 넣는 문제이다. 빈칸 뒤에 부사와 전치사구밖에 없으므로 빈칸에는 완전 자동사가 와야 한다. 선택지 중 완전자동사는 react(대응하다)뿐이다.
[해석] 우리 고객서비스 부서는 항상 모든 문제에 즉각 대응한다.
[어휘] solve (문제·곤경을) 해결[타결]하다, (수학 문제 등을) 풀다[해결하다]
contact (전화·편지 등으로) 연락하다
promptly 지체 없이, 정확히 제 시간에, 시간을 엄수하여 (=punctually), 즉시

04. [해설] 빈칸은 주어 뒤 동사 자리인데, 뒤에 customers와 the best menus라는 두 개의 목적어가 있는 것으로 보아 수여 동사가 와야 한다. 'offer + 사람 목적어 + 사물 목적어(~에게 ...을 제공하다'를 알아두자.
[해석] 그 식당은 항상 손님들에게 그 지역에서 최고의 메뉴를 제공한다.

05. [해설] 목적어만으로는 의미가 불분명하므로 목적어(Ms. Kim)를 보충 설명하는 목적격 보어가 빈칸에 와야 한다. 선택지중 목적격보어 자리에 올 수 있는 것

은 to-부정사인데, ask 동사는 목적격보어로 to-부정사를 취하는 동사이다.
[해석] 최고경영자는 Kim씨에게 총회에서 연설을 부탁했다.
[어휘] give a speech 연설하다

Unit 06 동사의 특성(Characteristics of verbs)

연습문제

A. 01. Banks **open** at 9 every morning. 은행은 매일 아침 9시에 문을 연다.
02. Tom often skips, his promise. Tom은 약속을 자주 어긴다.
03. He said that World War II **broke** out in 1939.
그는 제2차 세계대전이 1939년에 발발했다고 말했다.
04. Our family **went** to Paris last month. 우리 가족은 지난달에 파리에 갔다.
05. Mr. Lee **will attend** the workshop next week.
Mr. Lee는 다음 주 워크숍에 참석할 예정입니다.
06. When you **meet** Tom next month, please give him this bag.
다음 달에 Tom을 만나면, 이 가방을 그에게 주세요..
07. He is currently **attending** the workshop. 그는 현재 워크숍에 참석하고 있다.
08. The water **boils** now. 이제 물이 끓는다.
09. I **was doing** my homework at 9 last night. 어제 밤 9시에 숙제를 하고 있었다.
10. Tomas **was meeting** his boss in a cafe when I called him this morning.
오늘 아침 내가 그에게 전화했을 때 Tomas는 카페에서 그의 상사를 만나고 있었다.
11. I **will fly** to London tomorrow morning. 내일 아침 런던으로 갈거야.
12 Mr. Kim **will be working** in his office at 3 tomorrow.
Mr. Kim은 내일 3시에 사무실에서 일할 것입니다.
13. I **have known** Ms. Lee since she was a child.
나는 그녀가 어릴 때부터 Ms. Lee를 알고 있다.
14. We **have lived** n London for three years. 우리는 3년 동안 런던에서 살았다.
15. After she **had taken** shower, Miss Kim went to school.
샤워를 한 후 Miss Kim은 학교에 갔다.
16. I realized that I **had lost** my key. 나는 열쇠를 잃어버렸다는 것을 깨달았다..
17. By the time he arrives, I **will have finished** the repairs.
그가 도착할 때 쯤이면 수리를 마칠 것입니다.
18. By next week, I **will have read** the book 10 times.
다음 주까지 나는 그 책을 10번 읽을 것이다.

B. 01. This restaurant **serves** delicious salads. 이 레스토랑은 맛있는 샐러드를 제공한다.
02. All students **are** studying English very hard. 모든 학생들이 영어를 열심히 공부하고 있다.
03. Mike and his sister **are** nice. Mike와 그의 여동생은 친절하다.
04. You and your girlfriend **go** to church on Sundays.

너와 네 여자 친구는 일요일에 교회에 간다.

05. The location of the award ceremonies **is** secret. 시상식 장소는 비밀입니다.
06. The girl playing with dogs **is** my cousin. 개를 데리고 노는 소녀가 내 사촌이다.
07. Studying English alone **is** not easy. 혼자 영어를 공부하는 것은 쉽지 않다.
08. Being polite **is** important when you meet clients.
고객을 만날 때 예의 바르게 행동하는 것이 중요합니다.
09. My sister, who **lives** in New York, has three children.
뉴욕에 사는 여동생은 세 자녀가 있다.
10. I like that girl who **is** singing a song now. 지금 노래를 부르는 저 소녀가 좋다.

C. 01. The president **is respected** by all the employees. 모든 직원이 사장을 존경한다.
02. Ted **was wounded** in the factory. Ted는 공장에서 부상을 당했다.
03. Your sister **has been seen** at the party. 네 여동생을 파티에서 목격했다.
04. All my friends will **be invited** to my housewarming party.
모든 친구들이 집들이에 초대될 것이다.
05. A book **was given** to me yesterday. 책 한 권을 나에게 주었다.
06. Nancy **was elected** chairman. Nancy가 회장으로 선출되었습니다.
07. The construction of the building is **amazing**. 건물의 공사가 놀랍습니다.
08. The restaurant always makes our family **satisfied.** 그 식당은 우리 가족을 늘 만족시킨다.

실전유형 문제

01. [해설] 주어 Son's Manufacturing Inc.와 that-절 사이에 빈칸은 문장의 동사 자리이다. 빈칸 바로 뒤에 과거 시점을 나타내는 yesterday가 있으므로 과거 시제 동사의 형태인 announced가 정답이다.
[해석] Son's Manufacturing 사는 내년에 걸쳐 자사의 공장들을 이탈리아로 이전할 것이라고 어제 발표했다.
[어휘] announce 발표하다, 알리다 move (몸 등을) 움직이다; 움직이게 하다, 옮기다
over the next year 내년까지, 향후 1년 동안, 다음 해에

02. [해설] 문장 시작 부분에 미래 시점을 나타내는 Next month가 있으므로, 미래시제의 동사 형태인 will be가 정답이다.
[해석] 다음 달에, 기숙사 내에 있는 학생 구내식당은 오후 6시에 문을 닫을 것이다.
[어휘] cafeteria 카페테리아(셀프 서비스식 식당), 구내식당
dormitory(= hall of residence) 공동 침실, 기숙사

03. [해설] 빈칸은 주어 자리로 동사 are asked와 수의 일치를 해야 하므로, 복수 명사인 Visitors가 정답이다.
[해석] 자연사 박물관을 찾는 방문객들은 가이드 동반 견학 서비스에 미리 등록하도록 요청받는다.
[어휘] register (공식 명부에 이름을) 등록[기재]하다

in advance (~보다) 미리[앞서], 사전에 guided 가이드가 안내[인솔]하는

04. [해설] 주어가 paper trays로 복수 명사이므로 복수 동사가 필요하며, 설치되는 대상물인 paper trays가 주어 자리에 있으므로 수동태 문장이 되어야 한다. 또한, 미래를 나타내는 this after noon이 있으므로 두 개의 조건을 충족시킬 수 있는 동사의 형태는 will be installed이다.
[해석] 오늘 오후에 새로운 용지함이 복사기에 설치될 것이다.
[어휘] paper tray 복사기의 용지함; 종이 쟁반, 종이 접시 (주로 야외 피크닉시 사용하는 것)
install (장비·가구를) 설치[설비]하다

05. [해설] 문장 맨 뒤에 since the last earthquake가 있으므로 현재완료 시제 'have + p.p' 형태인 have reported가 정답이다.
[해석] 지난번 지진 이후로 여러 뉴스 채널이 그 지역 내의 대대적인 피해를 보도해왔다.
[어휘] channel (텔레비전, 라디오의) 채널
extensive (다루는 정보가) 광범위한[폭넓은] (=far-reaching), 아주 넓은[많은], 대규모의
damage 손상, 피해, 훼손, 악영향
region (보통 정확한 경계나 국경과 상관없는) 지방, 지역 earthquake 지진

Unit 07 형용사(Adjectives)

연습문제

A. 01. Are you **sleep**? 자는 거야?
02. This is a **huge** stadium. 이것은 거대한 경기장입니다.
03. Her voice sounds **sad**. 그녀의 목소리는 슬프게 들려.
04. The coffee tastes **bitter**. 커피 맛이 씁쓸하다.
05. Look at that **pretty** girl. 귀여운 저 소녀 좀 봐.
06. The **final** exam was so difficult. 기말시험이 너무 어려웠다.

B. 01. Those flowers are **beautiful**. 그 꽃들은 아름답다.
02. The puppy is **cute**. 강아지가 귀엽다.
03. I found **something wrong**. 뭔가 잘못된 것을 발견했어요.
04. You should be **careful** with that vase. 그 꽃병을 조심해서 다뤄야 해.
05. I am sick and **tired** of him. 나는 그가 지긋지긋해.
06. Food makes him **happy**. 음식은 그를 행복하게 한다.
07. Mr. Lee brought a **large** box. Mr. Lee가 큰 상자를 가져왔다.

C. 01. My boss will spend **several** days. 상사는 며칠 지낼 것이다.
02. You need a **little** sugar to make cookies. 쿠키를 만들려면 약간의 설탕이 필요하다.

03. **Many** people will be there. 많은 사람들이 거기에 있을 것이다.
04. I need a **few** days to do the project. 프로젝트를 수행하는데 며칠이 필요하다.
05. I think you put too **much** water in there. 거기에 물을 너무 많이 넣은 것 같아요.
06. **Every** member should report to Mr. Kim. 모든 구성원은 Mr. Kim에게 보고해야 합니다.

D. 01. Mr. Park's speech made a **lasting** impression on the audience.
Mr. Park의 연설은 청중에게 깊은 인상을 남겼다.
02. Miss Lee is **familiar** with company employment policies.
Miss Lee는 회사 고용 정책을 잘 알고 있다.
03. Customer service employees should be **respectful** to customers.
고객 서비스 직원은 고객을 존중해야 한다.
04. Candidates for the position must have **extensive** experience.
해당 직책에 대한 지원자는 광범위한 (많은) 경험이 있어야 한다.
05. Mr. Wang is **responsible** for the financial matter. Mr. Wang은 재정 문제를 담당한다.
06. This book offers **reliable** information to the readers.
이 책은 독자들에게 신뢰할 수 있는 정보를 제공한다.

실전유형 문제

01. [해설] 빈칸 앞에 부정관사 a가, 빈칸 뒤에는 명사 basis가 있으므로, 빈칸은 명사를 앞에서 수식하는 형용사 자리이므로 regular가 정답이다.
[해석] 직원들은 주기적으로 각자의 파일을 백업해야 한다.
[어휘] back up 백업 regularity 정기적임, 규칙적임 regularize 합법화[규칙화]하다
regularly 정기[규칙]적으로

02. [해설] 전치사 with와 명사 effort 사이에 빈칸은 명사를 수식하는 형용사 자리이므로 minimal이 정답이다.
[해석] 저희 조리법은 분명히 여러분이 최소의 노력으로 건강하고 맛 좋은 식사를 만드실 수 있도록 해드릴 것입니다.
[어휘] recipe 조리[요리]법 minimize 최소화하다, 축소하다
minimally 최소량[수]으로, 미량[소]으로; 극히 작게, 최소한도로.

03. [해설] 동사 receive와 목적어 support 사이에 빈칸은 명사를 수식하는 형용사 자리이므로 extensive가 정답이다.
[해석] 진 항공사의 직원들은 해외 업무에 대해 폭넓은 지원을 받는다.
[어휘] overseas 해외의, 해외에서의, 해외행[용]의 assignment 과제, 임무, 배정, 배치
extend 연장하다, (사업·영향력 등을) 확대[확장]하다 extensively 널리, 광범위하게

04. [해설] 빈칸은 명사 element를 수식하는 형용사 자리로, <빈칸 + element>는 주어 Ongoing training과 동격 관계를 이룬다. 문맥상 '지속적인 훈련이 핵심 요소이다'라는 의미가 자연스러우므로, '핵심적인'이라는 의미의 형용사

key가 정답이다.

[해석] 지속적인 훈련이 생산성 높은 노동력을 유지하는 데 있어서 핵심 요소일 수 있다.

[어휘] ongoing training 진행중인 교육, 지속적인 훈련 element 요소, 성분
maintain 지속하다, 유지하다, 계속하다 productive 생산하는, 생산적인, 결실 있는
workforce 노동자, 노동인구 handy 유용한, 편리한 (=useful)
marginal 미미한, 중요하지 않은 complete 완전한, 완벽한 (=total)

05. [해설] 빈칸 뒤 명사 errors를 수식하는 형용사 자리로, 문맥상 '사소한 실수'라는 의미가 자연스러우므로 minor가 정답이다.

[해석] 우리 제품의 최신 안내 책자는 몇몇 사소한 오류를 바로잡기 위해 재판을 찍어야 했다.

[어휘] latest product brochure 최신 제품 설명서, 최신 안내 책자
reprint 재판[중판]을 찍다 overdue 기한이 지난, 미불의
reliable 의지가 되는, 믿음직한 rapid 빠른, 신속한

Unit 08 부사(Adverbs)

연습문제

A. 01. Bob woke up **late** this morning. Bob은 오늘 아침 늦게 일어났다.
02. The princes lived **happily** even after. 왕자들은 이후에도 행복하게 살았다.
03. **Luckily**, I came across him. 운 좋게도 그를 만났습니다.
04. I **usually** have cereal for breakfast. 나는 보통 아침에 시리얼을 먹는다.
05. Kevin is **incredibly** smart. Kevin은 엄청나게 똑똑합니다.
06. I am spending my time **wisely**. 나는 시간을 빈틈없이 보내고있다.

B. 01. I realy like you. 나는 당신을 정말 좋아합니다.
02. He has worked **hard** for the last 10 years. 그는 지난 10년 동안 열심히 일했습니다.
03. I **politely** asked the woman to turn down the volume.
나는 여자에게 볼륨을 줄일 것을 정중하게 요청했다.
04. Teddy is walking down the street **slowly**. Teddy가 천천히 길을 걷고 있다.
05. **Honestly**, I didn't have time to check my e-mail.
솔직히 이메일을 확인할 시간이 없었습니다.

실전유형 문제

01. [해설] 빈칸 앞에 주어 Passengers가 있고 빈칸 뒤에 동사 complained가 있으므로 동사를 수식하는 부사 자리이다. 끝말 '-ly'가 부사의 형태이니까 정답은 formally이다.

[해석] 승객들이 지연된 출발에 대해 정식적으로 불만을 제기했다.
[어휘] form: 종류, 유형 formal: 격식을 차린, 정중한, 공식적인, 정규적인
formally: 정식으로, 공식적으로

02. [해설] '3형식 동사(visits) + 목적어(the sales offices)' 뒤에 빈칸은 동사를 뒤에서 수식하는 부사 자리이다. 그러므로 regularly가 정답이다.
[해석] John은 시장 동향을 이해하기 위해 주기적으로 영업 사무실을 방문한다.
[어휘] regularly: 정기[규칙]적으로, 자주
regular: 규칙적인, 정기적인 (↔irregular), 단골손님, 고정 고객
regularize: 합법화[규칙화]하다 regulation: 규제, 통제, 단속

03. [해설] 'be 동사(is) + 현재분사(marketing)' 사이에 빈칸은 동사를 수식할 부사 자리이므로 aggressively가 정답이다.
[해석] Get 그룹은 자사의 제품을 해외에서 공격적으로 판매하고 있다.
[어휘] aggression: 공격, 침략 aggressive: 공격적인, 적극적인
aggressor: (먼저) 공격[침략]을 한 사람[국가]

04. [해설] 빈칸은 부사 effectively를 수식하는 부사 자리로, 문맥상 '매우 효과적으로'라는 의미가 자연스러우므로. '매우'라는 의미의 부사 very가 정답이다.
[해석] Merry는 그 이야기의 배경을 매우 효과적으로 묘사했다.
[어휘] yet 아직도 strongly 강력하게 enough 충분히

05. [해설] 빈칸은 전치사구 in the morning을 꾸며주는 부사 자리로, 문맥상 '아침에만 연다'라는 의미가 자연스러우므로 only가 정답.
[해석] 그 서점은 주인이 다른 직업을 가지고 있기 때문에 아침에만 문을 연다.
[어휘] soon 곧 few 거의 없는

Unit 09 | 전치사(Prepositions)

연습문제

A. 01. The play starts **at** 7 P.M. 연극은 오후 7시에 시작됩니다.
02. I met Tom **on** Monday. 월요일에 Tom을 만났습니다.
03. The flight will depart **at** noon. 비행기는 정오에 출발합니다.
04. Emily was born **in** 1989. Emily는 1989년에 태어났다.
05. My brother and I always exchange presents **on** Christmas.
오빠와 저는 항상 크리스마스에 선물을 교환합니다.
06. My whole family will go to a concert **on** October 2nd.
온 가족이 10월 2일 콘서트에 갑니다.
07. The show will end **around** sunset. 쇼는 일몰 무렵에 끝난다.

08. Please submit the application **by** Friday. 금요일까지 신청서를 제출해주십시오.
09. Tom has to finish his homework **before** dinner.
    Tom은 저녁 식사 전에 숙제를 끝내야합니다.
10. She has written the book **for** five years. 그녀는 5년 동안 책을 썼다.
11. I am **in** New York now. 저는 지금 뉴욕에 있습니다.
12. We had a great time **at** the party. 우리는 파티에서 즐거운 시간을 보냈다.
13. He is lying **on** the sofa. 그는 소파에 누워있다.
14. Kate met Will **at** his café. Kate는 카페에서 Will을 만났다.
15. Your books are **in** my cabinet. 당신의 책은 내 캐비닛에 있다.
16. All of the water was spilled **on** the table. 모든 물이 탁자 위에 쏟아졌다.
17. Can you tell me **about** your home town? 고향에 대해 말씀해 주시겠습니까?
18. We got around New York **by** bus. 우리는 버스로 뉴욕을 돌아다녔다.
19. It will arrive **within** 10 days. 10일 이내에 도착합니다.
20. I ate pasta **with** tomato sauce. 토마토 소스를 곁들인 파스타를 먹었다.

B. 01. They watched turtles **under** the sea. 그들은 바다 밑에 있는 거북이를 보았다.
02. I will go **to** the amusement park tomorrow. 나는 내일 놀이공원에 갈 것이다.
03. There is a famous restaurant **across** the river. 강 건너편에 유명한 레스토랑이 있다.
04. My store is located **behind** the department store. 내 가게는 백화점 뒤에 있다.
05. The sun is rising **over** the horizon. 태양이 수평선 위로 떠오르고 있다.
06. Is there a post office **near** here? 이 근처에 우체국이 있습니까?
07. There are three cafés **within** this area. 이 지역에는 세 개의 카페가 있다.
08. We should send the report **by** e-mail. 보고서를 이메일로 보내야 합니다.
09. The movie was **about** a true friendship. 영화는 진정한 우정에 관한 것이었다.
10. You should stop drinking **for** your health. 건강을 위해 금주를 해야 합니다.
11. I heard good news **from** him. 나는 그에게서 좋은 소식을 들었다.
12. We usually have a staff meeting **between** 9 A.M. and 10 A.M.
    우리는 보통 오전 9시와 오전 10시 사이에 직원 회의를 합니다.

실전유형 문제

01. [해설] 알맞은 전치사를 선택하는 것으로 빈칸 뒤에 있는 명사 April은 날짜를 나타내므로 날짜 앞에 쓰이는 전치사 on이 정답이다.
[해석] 강당 내의 천장 수리 작업이 4월 20일에 종료될 예정이다.
[어휘] repair work 수리 작업, 수리 공사　auditorium 강당

02. [해설] 빈칸 뒤에 있는 명사구 conference room B는 장소를 나타내므로 장소 앞에 쓰이는 전치사 in이 정답이다.
[해석] 다가오는 워크숍은 대회의실 B에서 개최될 것이다.
[어휘] upcoming 다가오는, 곧 있을　workshop 워크숍, 연수회
conference room 회의실

03. [해설] 빈칸 뒤에 있는 명사구 the city's history (시의 역사)는 배워야 하는 것의 주제에 해당하는 것으로 '~에 관한'이라는 뜻을 가진 about이 정답이다.
[해석] 시장은 주민들에게 관광사업을 지원하기 위해서는 시의 역사에 관해 더 많은 것을 배우도록 당부했다.
[어휘] mayor 시장 resident 거주자, 투숙객 in order to ~하기 위해서
support 지원하다 tourism industry 관광 산업

04. [해설] 빈칸 뒤에는 구체적인 시각을 나타내는 2 p.m.이 쓰여 있으므로 구체적인 시점 앞에 사용하는 전치사 at이 정답이다.
[해석] Merry는 오후 2시에 자신의 고객들 중 한 명과 약속이 있다.
[어휘] appointment (특히 업무 관련) 약속 client (전문가의 서비스를 받는) 의뢰인[고객]

05. [해설] 선택지에 접속사와 전치사가 섞여 있으므로 빈칸 뒤의 구조 및 의미를 확인해 알맞은 것을 골라야 한다. 빈칸 뒤에 명사구 your full work experience가 résumé에 포함되는 정보이므로 '동반'을 나타내는 with가 정답이다.
[해석] 이 직책에 지원하시려면, 귀하의 모든 근무경력을 포함한 이력서를 저희에게 보내주십시오.
[어휘] apply 신청하다, 지원하다 position (일)자리, 직위 résumé 이력서
work experience 실무 경험, 근무 경력

Unit 10 접속사(Conjunctions)

연습문제

A. 01. The man is not only gentle **but** also sweet. 남자는 점잖을 뿐만 아니라 친절하다.
02. Which one is better, the green one **or** the gray one?
녹색 또는 회색 중 어느 것이 더 낫습니까?
03. The story is short and **easy**. 이야기는 짧고 쉽습니다.
04. This coat is nice **but** it's too expensive. 이 코트는 좋지만 너무 비싸요.
05. Dale had some steak **as well as** beer last night.
Dale은 어젯밤에 맥주도 마시고 스테이크도 먹었다.
06. He was sick yesterday, so he stayed at home.
그는 어제 아파서 집에 있었습니다.

B. 01. I know **Owen is one of your best students**.
나는 **Owen이 당신의 최고의 학생이라는 것**을 안다.
02. It is important **that we meet regularly**.
정기적으로 만나는 것이 중요하다.
03. Gary says **you will visit my office today**.
Gary는 **오늘 네가 내 사무실을 방문하겠다는 것을** 전한다.

04. I agree **you are the smartest among my friends**.
나는 **당신이 내 친구들 중에서 가장 똑똑하다는 데** 동의한다.
05. My boss thought **she couldn't come to the meeting**.
제 상사는 **그녀가 회의에 올 수 없다고** 생각했다.
06. The point is **that you should finish your project by next month.**
요점은 **다음 달까지 프로젝트를 완료해야 한다는 것이**다.

C. 01. Harry wondered **who** made this cake. Harry는 누가 이 케이크를 만들었는지 궁금했다.
02. **What** makes you happy? 무엇이 당신을 행복하게 합니까?
03. Kelly is speaking about **what** she thinks about the topic.
Kelly가 주제에 대해 어떻게 생각하는지 이야기하고 있습니다.
04. We know **why** Adam was upset. Adam이 화가 난 이유를 안다.
05. Did you tell Tim **when** you arrived here? 여기 도착했을 때 Tim에게 말했습니까?

D. 01. I will make a snowman **when** it snows. 눈이 오면 눈사람을 만들 거야.
02. We talked **while** we were having dinner. 우리는 저녁을 먹는 동안 이야기를 나눴다.
03. **After** taking a shower, I dressed up for the party.
샤워한 후에, 파티를 가기위해 옷을 차려입었다.
04. He has read this book every day **since** I bought it.
그는 내가 이 책을 산 이래로 매일 읽었다.
05. Please knock on the door **before** you come in. 들어오기 전에 노크하세요.
06. Can you wait **until** I finish my work? 일이 다 끝날 때까지 기다려주시겠어요?

E. 01. Please do **as** I say. 내가 말하는 데로 해주세요.
02. **As** she gets older, she becomes more sensitive.
나이가 들어감에 따라 그녀는 더 예민해진다.
03. John works hard **since** he needs money.
John은 돈이 필요하기 때문에 열심히 일을 한다.
04. **Because** Ms. Parker hates children, she lives alone.
Parker는 아이를 싫어하기 때문에 혼자 산다.
05. Tom wants to meet you **as** he has something to say.
Tom은 할 말이 있기에 너를 만나고 싶어한다.
06. The store has been successful **since** Mr. Loy became the owner 3 years ago.
3년 전 Loy가 주인이 된 이후 가게는 성공했다.

실전유형 문제

01. [해설] 빈칸 앞뒤에 같은 요소인 두 개의 요일이 연결되어야 하므로 빈칸은 등위 접속사 자리이다. 그런데 표를 판매하기 시작한 날은 금요일이든지 토요일이든지 하나이므로 둘 중 하나를 선택하는 등위접속사 or가 정답이다.
[해석] 우리는 금요일 또는 토요일에 오페라 입장권을 판매하기 시작할 것이다.

02. [해설] 보기는 특정 상관접속사를 구성하는 하나의 요소들이므로, 빈칸 뒤에 동일한 형태로 된 두 개의 명사구가 'A and B'의 구조이다. 그러므로 등위접속사 and와 결합하여 상관접속사를 구성하는 부사는 both.

[해석] 모든 신입사원들은 6월 10일 오리엔테이션, 그리고 7월 5일 워크숍 둘 다 참석해야 한다.

03. [해설] 빈칸이 문장 맨 앞에 있으므로 종속접속사 자리라는 것을 알 수 있다. 따라서 해석을 통해 연결 관계를 찾아야 한다. 평론가들이 영화를 칭찬했다면 성공을 기대할 수 있는데, 주절에서는 영화가 실패했다는 상반된 내용을 제시하고 있다. 따라서 서로 상반되는 관계를 나타내는 양보접속사로 '비록~이지만'이라는 의미인 Although가 정답이다.

[해석] 비록 평론가들이 그 영화를 칭찬하기는 했지만, 그 영화는 상업적으로 실패했다.

[어휘] reviewer (책·연극·영화 등의) 논평가[비평가] praise 칭찬, 찬사, 찬양
commercially 상업적으로, 영리적으로 (보아); 통상상

04. [해설] 빈칸 앞뒤 두 절의 의미 관계를 파악해 보면 '비가 내릴 것'이라는 내용이 '야유회 일정이 재조정 되었다'는 사실의 원인에 해당하므로 '~하기 때문에'라는 의미로 이유를 나타내는 since가 정답이다.

[해석] 주말 내내 비가 내릴 것이기 때문에 회사 야유회 일정이 재조정되었다.

[어휘] reschedule 일정을 변경하다; (대부금 등의) 상환 기한을 연장하다

05. [해설] 빈칸은 타동사 determine의 목적어 역할을 하는 명사절 접속사 자리이다. 빈칸 뒤의 내용을 살펴보면 'HIT 태블릿 컴퓨터 시리즈 신모델을 출시하다' 빈칸 앞은 '설문조사가 결정할 것이다'라는 것과 어울려 아직 알 수 없거나 확정되지 않은 내용을 말하는 명사절 접속사는 '~인지 아닌지'의 의미를 지닌 whether가 정답이다.

[해석] 우리 회사가 HIT 태블릿 컴퓨터 시리즈 신모델을 출시할지는 설문조사가 결정할 것이다.

[어휘] survey (설문) 조사 determine (무엇의 방식·유형을) 결정하다
release (대중들에게) 공개[발표]하다 tablet computer 태블릿 컴퓨터

Unit 11 | 관계사(Relatives)

연습문제

A. 01. A thief is a person **who** steals things. 도둑은 물건을 훔치는 사람이다.

02. Please recommend movies **which** are good for children.
아이들에게 좋은 영화를 추천해주세요.

03. I met a woman **that** sister is a doctor. 언니가 의사인 여자를 만났다.

04. I know the girl **whose** parents won the lottery.
부모님이 복권에 당첨된 소녀를 알고 있다.
05. I found the purse **that** Ann lost yesterday. 어제 Ann이 잃어버린 지갑을 찾았다.
06. The movie **which** I went to last night wasn't interesting.
어젯밤에 갔던 영화는 재미가 없었다.
07. That's **what** I like about him. 그게 제가 그를 좋아하는 것입니다.
08. There's nothing **what** people don't know about her.
사람들이 그녀에 대해 모르는 것은 없습니다.
09. I remember the day **when** I went Chicago. 시카고에 갔던 날이 기억납니다.
10. I know the company **where** Linda has worked since last year.
작년부터 Linda가 일하고 있는 회사를 알고 있다.

B. 01. I know a store. It sells various office supplies.
→ I know a store **which (or that)** sells various office supplies.
다양한 사무용품을 판매하는 상점을 알고 있다.
02. The woman is so tall. She lives next door.
→ The woman **who (or that)** lives next door is so tall.
옆집에 사는 여자는 키가 너무 크다.
03. I remember the man. I met him at the conference.
→ I remember the man **whom** I met at the conference.
회의에서 만난 남자를 기억한다.
04. We met a candidate. Her résumé was amazing.
→ We met a candidate **whose** résumé was amazing.
이력서가 굉장한 후보자를 만났다.
05. James joined another firm. He gained a lot of experience at the firm.
→ James joined another firm **where (or at which)** he gained a lot of experience.
James는 많은 경험을 쌓은 다른 회사에 입사했다.

실전유형 문제

01. [해설] 빈칸 앞에 선행사가 customer(고객)이고 빈칸 뒤에 동사 purchase(구매)가 나왔으므로 주격 관계대명사 자리이다. 사람 선행사를 수식할 수 있는 주격 관계대명사는 who이다.
[해석] 이 최신 모델을 구매하는 고객들에게 무료 키보드가 제공된다.
[어휘] provide 제공[공급]하다, 주다 (=supply) purchase 구입[구매/매입]하다
latest model 최신 모델

02. [해설] 주격 관계대명사 who 바로 뒤에 빈칸은 동사 자리이다. 주어 Artists가 복수이므로 복수 동사 wish가 정답이다.
[해석] 다음 달 전시회에 작품을 전시하고 싶은 예술가들은 John에게 연락해야 한다.
[어휘] artist 화가, 예술가, 아티스트 display 전시[진열]하다, 내보이다 (=exhibit)

exhibition 전시회 contact (전화·편지 등으로) 연락하다

03. [해설] 빈칸 앞에 the time이 선행사이고 빈칸 뒤에 완전한 문장이 왔으므로 관계부사 when이 정답이다. the place where, the reason why, (the way) how를 알아두자.
[해석] 총회를 위해 출발하는 시간에 앞서 일정표를 검토하세요.
[어휘] review (특히 필요한 경우 변화를 주기 위해) 재검토하다 itinerary 여행 일정표
convention (전문직 종사자들이나 정당 등의 대규모) 대회[협의회] (=conference)

04. [해설] 빈칸 앞에 선행사가 manual(설명서)이고, 빈칸 뒤에 주어 + 동사 + (목적어가 없는) 나머지가 나왔으므로 목적격 관계대명사 자리이다. 사물을 수식하는 목적격 관계대명사 which가 정답이다.
[해석] 우리는 당신이 프로그램을 설치하기 위해 읽어야 할 설명서를 보냈습니다.
[어휘] manual (특히 기계 등을 사면 따라 나오는) 설명서 (→handbook)
install (컴퓨터에 새 프로그램을) 설치하다

05. [해설] 이 문장의 주어는 Yammyfood Inc.이고 동사는 specializes이다. 빈칸 뒤에 명사 head office(본사)가 나왔으므로 소유격 관계대명사 whose가 정답이다. 이 두 문장을 분석하면,
Yammyfood Inc. specializes in food processing. + it's head office is in Paris.
→ Yammyfood Inc. ***whose*** head office is in Paris specializes in food processing.
[해석] 파리에 본사를 두고 있는 Yammyfood 사는 식품 가공을 전문으로 한다.
[어휘] head office (회사의) 본사 cf. branch 지사 specialize in ~을 전문으로 하다
food processing 식품 가공

Unit 12 특수구문(Special Syntax)

연습문제

A. 01. Justine is as **intelligent** as Henry. Justine은 Henry만큼 똑똑하다.
02. Linda worked as **quickly** as I expected. Linda는 내가 예상했던 대로 빠르게 일했다.
03. Linda's salary is **the same** as mine. Linda의 월급은 저와 같습니다.
04. Yesterday, I went bed **earlier** than usual. 어제는 평소보다 일찍 잠자리에 들었다.
05. Business is **better** this month than it was last month.
사업은 지난달보다 이번 달에 나아졌습니다.
06. This car is **more** expensive than the other one. 이 차는 다른 차보다 비쌉니다.
07. My baggage is **much** heavier than yours. 내 짐이 당신 것보다 훨씬 무겁다.
08. He is **the richest** of all Asians. 그는 모든 아시아인 중 가장 부자이다.
09. Everest is **the highest** mountain in the world.
에베레스트는 세계에서 가장 높은 산이다.

10. Yesterday was the **hottest** day of year. 어제는 일년 중 가장 더운 날이었다.

B. 01. I found a store **convenient** and calm while I was shopping.
쇼핑하는 동안 편리하고 조용한 가게를 찾았다.
02. We must keep universities running **smoothly** and efficiently.
우리는 대학을 원활하고 효율적으로 운영해야 한다.
03. Teaching is learning and seeing is **believing**.
가르치는 것은 배우는 것이고 보는 것은 믿는 것이다.
04. There are many old Buddhist temples **in** and around Kyongju.
경주 주변에는 오래된 사찰이 많이 있다.
05. He lived both in America and **in Korea**. 그는 미국과 한국에서 살았다.

C. 01. **Hardly** can they be surprised to watch the scene.
그들은 그 장면을 보고 놀라지 않을 것이다.
02. Only **then** did I understand what she meant.
그때서야 그녀가 의미하는 바를 이해하게 되었다.
03. **Should** I see David, I'll ask him to call you.
David를 만날 일은 없겠지만 전화하라고 할게요.
04. **Were** I you, I wouldn't believe that lady.
내가 당신이라면 그 여자를 믿지 않을 것이다.
05. **Have** I had your phone number, I could have called you last night.
제가 귀하의 전화번호를 갖고 있었다면, 어젯밤에 당신에게 전화했을 텐데요.

실전유형 문제

01. [해설] 빈칸 뒤에 형용사와 as가 나오고 문맥상 '~만큼 중요하다'라는 의미가 적절하므로, as ~ as 구문이 정답이다.
[해석] 우리는 구직자의 근무경력(이력)이 학력만큼 중요하다고 생각한다.
[어휘] applicant 지원자 work history 이력 education (history) 학력

02. [해설] 빈칸 뒤에 '...보다(비교의 대상이 되는 것을 나타냄)'라는 than이 있다. '비교급 + than'을 기억하자.
[해석] 보너스 지불액은 지난해보다 더 적을 것이다.

03. [해설] 빈칸 뒤에 명사 selection을 수식하는 형용사 자리이므로 비교급 wider와 최상급 widest가 올 수 있다. 빈칸 뒤에 범위를 나타내는 in the market place가 있으므로 '시장에서 가장 다양한 휴대용 케이스와 커버'라는 의미가 문맥상 자연스러우므로 최상급 widest가 정답이다.
[해석] 저희 액세서리 패키지는 전화 사용 고객들에게 시장에서 가장 다양한 휴대용 케이스와 커버를 제공합니다.
[어휘] selection 선택 가능한 것들(의 집합)

marketplace (상품·서비스 등의 경쟁이 벌어지는) 시장

04. [해설] 빈칸 뒤에 비교급 wider가 있으므로, 빈칸에는 비교급을 강조하여 '훨씬 더' 라는 의미를 나타내는 부사 much가 정답이다.
[해석] Golden Bridge(금문교)는 금강 위의 다리보다 훨씬 더 넓다.

05. [해설] 빈칸 뒤의 어순이 '동사(is) + 주어(the TV program)로 도치되어 있으므로, 문장 앞에는 부정어가 필요하다. 빈칸 뒤에 but also가 있으므로 이와 어울리는 Not only가 정답.
[해석] 그 TV 프로그램은 학생들에게 인기 있을 뿐 아니라 교사들에게도 호응을 얻고 있다.
[어휘] be popular with 인기가 있다　　appeal 관심[흥미]을 끌다, 매력적이다

참고문헌

Ahn Nam-yong. 1999. ***The Essentials of English Grammar***. 영진서관.

Ahn Nam-yong. 1999. ***English Composition***. 한올출판사.

Ahn Nam-yong. 2013. ***Easy English Conversation A to Z***. 현우사.

David Cho. 2019. ***Grammar Gateway Basic***. 해커스어학연구소.

DK / 이민호. 2019. ***비주얼 영문법***. YBM.

Douglas Biber, StigJohanssan. 1999. ***Longman English Grammar of Spoken and Written English***. Pearson Education Limited.

Longman Exams Dictionary. 2006. Pearson Education Limited.

Longman Language Activator. 2002. Pearson Longman.

Macmillan English Dictionary for Advanced Learners. 2011. A&C Black Publisher.

Michael Swan. 2019. ***Practical English Usage***. YBM

Oxford Basic American Dictionary. 2018. Oxford University Press.

Oxford American Dictionary. 2011. Oxford University Press.

Oxford Advanced American Dictionary. 2011. Oxford University Press.

Raymond Murphy. ***Basic Grammar in Use***, 2017. Cambridge University Press.

Raymond Murphy. ***Grammar in Use Intermediate***, 2018. Cambridge University Press.

Richard A, Spears. 2004. ***정통 미국 슬랭 사전***. 넥서스

Richard A, Spears. 2003. ***정통 미국 회화표현***. 넥서스

Shin Jae Yong. 2001. ***English Expression Dictionary***. 넥서스

김양순, 박연미, 서진희, 최숙희, 홍성심 옮김. 2000. ***영어전문가를 위한 문법***. 도서출판 동인.

서메리. 2020. ***술술 읽히는 쉬운 영문법***. YBM.

손길연. 2017. ***Magic English Grammar***. 백산출판사.

안남용. 2011. ***TOEIC Reading Part 5 & 6.*** YBM Sisa.com.

유수연. 2013. ***유수연의 토익 필살기 RC Part 5, 6***. 웅진씽크빅.

유　진. 1991. ***영어구문론***. 백만사.

이기한, 홍민표, Ross Zanrub. 1998. ***한영 속담 해설 사전***. 홍익미디어플러스.

조정현. 2016. ***Pops English 1***. 길벗스쿨

조정현. 2016. ***Pops English 2***. 길벗스쿨

최인철. 2011. ***실용 영문법 백과사전***. 사람in.

한학성. 2001. ***한국인을 위한 영어 발음 교과서***. 테스트뱅크이십일닷컴.

홍진걸. 2016. ***영단기영문법 스타트***. 에스티엔북스

▯ 저자 약력 ▯

안 남 용

학력

청주대학교 대학원 영어영문학과 영어학 박사
University of Colorado at Boulder 대학원 언어학과
청주대학교 대학원 영어영문학과 영어학 석사
대전대학교 문과대학 영어영문학과 문학사

경력

현) 대전보건대학교 교양교육원 교수, 국제교류원 원장
전) 대전보건대학교 교양 주임, 외국어구사능력 사업팀 팀장
전) 충북보건과학대학교 사회교육원 어학당 전임강사
전) 우송정보대학교, 충북보건과학대학교, 청주대학교 강사

저서

The Essentials of English Grammar, 영진서관
English Composition, 한올출판사.
International Communication, 형설출판사
TOEIC Reading Part 5 & 6, YBM Sisa.com. 외 다수

논문

There 구문에 관한 연구
영어 법조동사구문에 관한 통시적 연구
부정극어에 관한 연구 -영어와 한국어를 중심으로- 외 다수

기초영어 | Basic English

2021년 08월 12일 초판 1쇄 인쇄
2021년 08월 16일 초판 1쇄 발행

저 자 : 안 남 용
발행인 : 유 수 경
발행처 : 도서출판 영민

등 록 : 2001. 7. 16 제1-2888호
주 소 : 서울시 성북구 보문로 58-1 한주빌딩 205호
전 화 : 02-904-7204
팩 스 : 02-921-7202

ISBN 978-89-6341-334-1 93740

값 15,000원